王军 ♡ 著

父职觉醒

民主与建设出版社

·北京·

图书在版编目（CIP）数据

父职觉醒 / 王军著. -- 北京 ： 民主与建设出版社，2025. 6. -- ISBN 978-7-5139-4963-7

Ⅰ. G78

中国国家版本馆CIP数据核字第20256K9P72号

父职觉醒

FUZHI JUEXING

著　者	王　军	
责任编辑	彭　现	
封面设计	杨紫藤	
出版发行	民主与建设出版社有限责任公司	
电　话	（010）59417749　59419778	
社　址	北京市朝阳区宏泰东街远洋万和南区伍号公馆4层	
邮　编	100102	
印　刷	天宇万达印刷有限公司	
版　次	2025年6月第1版	
印　次	2025年6月第1次印刷	
开　本	670mm×950mm　1/16	
印　张	12	
字　数	131千字	
书　号	ISBN 978-7-5139-4963-7	
定　价	49.80元	

注：如有印、装质量问题，请与出版社联系。

前 言

　　人生是一场漫长的征程，我们为了让孩子能赢在起跑线，费尽心思地为他们准备将来所需的各种"装备"。然而，我们时常会忽视最根本，也是最重要的一点：父爱不缺席。

　　从小缺失了父亲的陪伴，就算母爱再深厚，孩子的成长中依然会留下难以弥补的缺口，尤其是在人生的一些关键时刻，比如升学、职业选择、人际交往等，这种缺失往往会演变为孩子的致命弱点。即便他能够克服重重困难，实现自我提升，这种缺失仍会持续影响他的心理健康，不断给他带来困扰。甚至可以说，他需要用一生的时间来治愈父爱缺失带来的创伤。

　　然而，有些父亲受传统社会观念的影响，认为父亲是家庭的经济支柱，只需在孩子的重大决策上给予指导，而不必在日常细节上过多参与。再加上，工作带来的巨大压力常常会耗费他们的大量精力，使他们难以在孩子成长过程中提供充足的情感陪伴和教育引导。长此以往，这些父亲可能会把教育孩子视为一种负担，甚至是一种工作之外的"新任务"。

但是，随着家庭教育理念的转变，很多家庭开始注重培养孩子的综合素质与健全人格，所以"父爱不缺席"的教育理念被广泛推广。越来越多的父亲也开始意识到自身角色的重要性，父职也就开始觉醒。

那么，何谓父职觉醒？父职觉醒，是指父亲摆脱传统的角色定位，主动、全面参与孩子的养育和成长过程，承担起生活引导、行为示范、情感陪伴等多方面的责任。

父职觉醒对孩子的健康成长至关重要。孩子可以站在父亲的"肩膀"上看到更广阔的世界，接触更丰富多元的认知维度，汲取更强大的精神力量。父亲也可以给予孩子一生抵御危机、风险的"免疫力"，以及不断奋进、追求卓越的动力。无论世界如何变幻，孩子总能从容不迫；无论前路多么漫长、坎坷，孩子依然能稳步前行。

此外，当父亲真正参与其中时，他会发现孩子并非生活压力的来源。相反，当他们被社会和生活消磨了锐气后，孩子的蓬勃朝气可能会刺激并唤醒他们内心深处沉睡的能量，从而让他们重新焕发活力。比如，在陪伴孩子的过程中学会放慢生活节奏，享受生活，让压力得以释放；或是受孩子奇思妙想的启发，在工作中找到新的创意出口等。

父职觉醒，不仅仅意味着承担责任，更是一种自我成长。

本书将从父亲面临的社会难题、生活压力，以及育儿挑战出发，通过真实的案例、科学的分析和实用的建议，不仅能帮助父亲们重新定义自己的角色，正确参与养育孩子的过程，让孩子实现健康成长，还能让父亲们在陪伴孩子的过程中爆发出新的能量，与孩子共同成长，最终实现人生的圆满。

希望每一位父亲都能通过这本书实现父职觉醒，找到适合自己的育儿之道，并开启自我成长的新篇章。

第三章

解绑父爱脚本：打破定制化思维

第四章

父职新形象：打破刻板印象的能量释放

乐在父职：从责任到滋养的进阶

第六章

性别滋养：父职觉醒的成长锚点

双向成长：父职觉醒的教育闭环

第一章

父养即富养：
重构父职认知的起点

　　男性的气质和思维方式，使父亲在培养孩子方面具有特别的能量场。父爱缺席的孩子往往缺乏安全感，更易内耗；童年时期，父爱满格的孩子通常会更加自信、独立，想象力更加丰富，面对挑战时更有韧性和责任感。可以说，父养＝富养，若童年时父爱满格，孩子终生能量不息。

孩子的人生从父职觉醒开始

"丧偶式养育"就像一个地狱级笑话,一度将父亲们的形象刻画得狼狈不堪,家庭教育也随之被割裂成两个截然不同的世界,父亲的缺席也成了孩子成长中难以愈合的隐形伤口。其实,大多数父亲都本能地爱着自己的孩子,他们只是不知道怎样表达父爱。

很多男性受传统家庭观念的影响,认为父亲是打江山的勇士,母亲则是教养孩子的智者。父亲们享受大刀阔斧、开疆拓土的成就感,却难以忍受日复一日、细致入微的育儿琐事。因此,在孩子面前,他们常常会无所适从,内心充满焦虑,表面却仍要保持庄重威严。他们把养育孩子看成一场战役,而孩子又难以被轻易"攻克",于是便以传统观念为借口,理所当然地把育儿的责任推给母亲。

但是,父亲给予孩子的,往往是与母亲不同的世界。通常来说,母爱能给足孩子温暖,父爱则能赋予孩子力量,为孩子指明方向。

情景导入

小诺3岁时生过一场大病，病愈后听力明显下降。很快，他就感受到这场病给自己生活带来的巨大落差。

一次，他和好友在广场上玩耍，有个小孩开着一辆儿童电动车朝小诺冲了过来。那孩子控制不好车子，就一直喊"小诺赶快躲开"。但当时，小诺正专注地看着落在手背上的蜻蜓，等他听见时已经来不及躲开了。小诺被车碰倒，车翻了，那孩子被压在车下。

小诺的爸爸和那孩子的妈妈都在旁边，看到这一幕后都赶紧跑过来扶起两个孩子。幸好车速不快，两个孩子都没受伤。开电动车的孩子大概被吓坏了，一边哭一边指着小诺质问："你是聋子吗？我喊了你那么多遍，你为什么不躲开？"这句小诺听得清清楚楚，他的泪水一下子就涌上来。爸爸抱住小诺，对那孩子说："你是不是还不知道这车怎么开？要不要让小诺告诉你一个关于这辆车的秘密玩法？"小诺一听，眼睛就亮了，兴奋地对那孩子说："我知道这辆车的一种玩法，特别好玩。"那孩子立刻就不哭了，问道："怎么玩？"小诺的爸爸笑着将小诺放开，小诺快步走了过去。两个孩子一起玩起来，把刚才的不愉快也抛在了脑后。

专家分析

在这个案例中，如果由妈妈处理，她通常会更关注孩子的情绪。

她会安慰小诺，要么要求对方的孩子道歉，要么用各种方式消除小诺产生的心理阴影。小诺爸爸的处理方式则更直接、干脆，他用小诺的优势弥补了他的劣势，用快乐的玩乐抵消了可能出现的负面情绪积累，小诺还没有产生心理阴影，就已经被治愈了。对于孩子来说，没有什么是一段快乐的玩乐解决不了的，如果有，那就是另一段快乐的玩乐。在玩乐这件事上，爸爸们似乎总是更高一筹。

通常情况下，男性和女性在性格特质和行为倾向上存在明显的区别。在日常生活中，妈妈们往往更注重细节，爸爸们通常更倾向于把握大方向；妈妈们更感性，看重情绪，爸爸们则相对理性，更注重逻辑。在育儿过程中，妈妈们更强调安全，她们总是小心翼翼，会想尽办法保护孩子；爸爸们更倾向于鼓励孩子冒险，他们通常比较随性，会想方设法让孩子玩得更开心。

千万不要小看爸爸不同于妈妈的这些区别，它能拓宽孩子的眼界，激发孩子的思维，赋予孩子灵动的想象力，为孩子提供一生都用之不竭的力量源泉。

临床心理学家和精神分析学家迈克尔·J.戴蒙德认为，父亲在培养孩子方面具有一种特别的力量，这种力量不仅影响着孩子的性格和态度，更影响着孩子的人生走向和高度。父亲的优质陪伴，通常会让孩子更有担当，也更有面对世界动荡性的力量。

父职觉醒之路

实现父职觉醒，首先需要重新认识父爱。那些在孩子教育中缺席的父亲，往往认为父爱只是为孩子提供物质保障、规划人生方向。实际上，真正的父爱是在长久且高质量的陪伴中，通过一点一滴的影响赋予孩子成长的能量，同时在孩子的成长中获得能量反馈，形成双向滋养。

因此，我们需要深入思考一个问题：父爱到底能赋予孩子什么？

1.难题破解力

面对同样的难题，童年缺失父爱的人大多会产生胆怯、敏感、担忧等情绪内耗，这些情绪如同无形的枷锁，束缚着他们的思维与行动；而童年父爱满格的人通常充满自信与勇气，能心无旁骛地专注于解决问题，他们的内心也更加坚定。

2.自我修复力

面对同样的挫折，童年缺失父爱的人可能会陷入深深的自我怀疑的阴影里，反复咀嚼失败的苦果，难以自拔；而童年父爱满格的人，通常能凭借内心那份深厚的安全感与自信，迅速进行自我疗愈，重新振作起来，迎接新的挑战。

3.角色适应力

父爱就像阳光，能让孩子勇敢地去做主角，释放自己的光芒，并自信地争取自己的荣誉。同时，父爱又是宇宙，有大局观，让孩子能接受做配角的机运和状态，在成全别人的同时，让自己的世界更完美。

父爱和母爱共同为孩子描画出完整的人格图谱。父爱不仅赋予孩子直面世界的勇气，更教会他们在人生的长跑中保持坚定的信念和毅力。在这个充满变数的时代，父爱给予的力量将成为孩子最坚实的铠甲，让他们在人生的征途上既能仰望星空，也能脚踏实地。

稳定"父格"：孩子内核稳定的关键

如今的社会，科技在迅速发展，生活方式在疾速变化，职业也在加速更替。

所以，尽管孩子们的生活条件不断改善，但他们会面临更多的挑战，包括但不限于生活方式上的、环境变化方面的、心理健康方面的，以及职场变化和个人职业规划方面的。在这样的情况下，内核稳定对他们而言尤为重要。

稳定的"父格"是孩子内核稳定的关键，它能够给孩子创建稳定的生活环境，有助于孩子形成稳定的内核。

情景导入

小时候，睿睿太胆小了，怕黑，怕虫子，怕陌生人。3岁那年，妈妈带他去外地亲戚家，他在陌生的环境里哭了两天两夜。妈妈心疼又着急，爸爸就一直抱着他，逗他玩。稍大一点，妈妈想早点让睿睿独立睡觉，但爸爸说不着急。直到睿睿自己想挑战独立睡觉，爸爸才安排睿睿去自己的房间。爸爸给睿睿的房间装了一盏小夜灯，还在睿睿床边设置了按键，如果睿睿半夜醒来害怕，可以一键叫醒爸爸。但让妈妈奇怪的是，胆小的睿睿一个人睡得非常安心，没有害怕，也没有哭闹。

爸爸经常带着睿睿骑行、爬山。一次，父子俩又去骑行，在一条小路上忽然蹿出一条小黑狗，睿睿吓得摔倒在地。爸爸忙冲过来，挡在了睿睿前面，小黑狗的主人也跑过来，连连道歉。睿睿却很淡定地拉着爸爸的手说："没事的，爸爸，我没害怕。"

📢 专家分析

"父格"，指父亲在家庭中作为"父亲"这一角色所需要承担的责任，也是教养孩子的态度和格局。

就像案例中这个爸爸，有耐心，很细心，不管孩子表现得多么脆弱，他都不焦躁，而是镇定地拥抱孩子，保护孩子。他有很多解决方法，比如安夜灯、一键叫醒。

在很多家庭中，爸爸缺席，妈妈疲惫，家庭不睦，争吵不休。这种压抑、不安的家庭氛围会让孩子失去安全感，而长期处于焦虑和不安的情绪中，还会削弱他们的心理韧性。缺乏稳定的情感支持，孩子难以建立安全的依恋关系，情绪调节能力也会受到影响。他们可能会变得敏感、自卑，甚至出现社交障碍。因此，爸爸的耐心付出对家庭、对孩子十分重要，不仅可以帮助孩子建立健康心理和强大内核，也能解放妈妈，营造和谐稳定的家庭氛围。

父职觉醒之路

　　陪孩子的耐心、管孩子的睿智、助孩子的能量，这些都需要我们在育儿实践中积极投入，不断反思。在修正教育方式的过程中，我们会逐渐成为有格局的父亲。具体来说，我们该怎么做呢？

1.保持张弛有度

　　通常来说，大多数父亲在教育孩子时都表现出大大咧咧、满不在乎的样子。当然，有一些父亲纯粹就是不想费心，这另当别论。最好的父亲教育一定要有原则，那就是严格但不苛责，向好但不求全责备。既能允许孩子犯错，也不追求细节完美，这会大大减少孩子的压力，让孩子坦然面对各种问题，也学会接受现实，这样就容易培养抗挫折能力，形成稳定的人格。

2.做家庭的"定海神针"

　　父亲不仅是孩子的情绪支柱，也是妻子的依靠。在孩子面对让自己手足无措的问题时，父亲首先要成为孩子的情感支柱，让孩子感到安心，然后再和孩子一起面对问题，解决问题。同样，当妻子因为孩子的问题或者工作的问题而感到焦虑或生气时，父亲也需要保持冷静，用幽默或理性的方式缓解紧张气氛。孩子生活在和谐的家庭环境中，自然能形成稳定的情绪。

3.解决问题而非掩盖矛盾

作为父亲，不管是面对孩子，还是面对妻子，不能只是舒缓情绪，更应该挖掘其背后的问题，并帮助其解决问题，这样才能更好地保持家庭成员的情绪稳定。

比如，母女俩闹矛盾，有些父亲喜欢做"和事佬"，在孩子面前说妈妈的好话，在妈妈面前替孩子辩解。这种方式虽然能暂时缓解矛盾，但并不能真正解决问题。此时父亲的角色应该是发现问题并找到解决方案，这才是父格所在。

父亲的强大主要表现在心量大而脑筋活，父亲的坚韧主要表现在理性而笃定，即不管面对什么，总是能坦然、稳健。在这样的环境下长大的孩子，必然拥有强大的心理韧性，从容和自信地应对一切。

父格不仅铭刻于孩子的生命历程，更在时光的年轮中沉淀为自身的生命厚度。

培养独立人格：父亲有独特的优势

　　我们一直强调要"培养孩子的独立自我"，但大多时候成效并不显著。这主要是因为我们的教育理念不够通透，磨砺孩子的做法并不彻底。

　　最典型的现象包括但不限于：要孩子做事，又担心他做不好，不断提醒、不断帮忙；要孩子决断，又给他很多意见和建议，甚至最后还会说服孩子按照我们的想法去做；孩子如果不合群，我们担忧孩子是不是有问题，总是想尽办法让他和别的孩子走到一起……

情景导入

　　五年级暑假期间，小瑾一家人要去山西旅游，妈妈让爸爸提前做旅游攻略。爸爸为了锻炼小瑾，就让小瑾负责做攻略。爸爸向小瑾简单讲述了如何做攻略，应重点关注哪些内容。小瑾很高兴，马上开始行动。他先是在地图上挑选目的地，接着在网上查阅景点和酒店信息。他打电话问爸爸确定哪些景点和酒店。爸爸说："儿子，你要有自己的主见。挑战一下，看看自己能完成不？这样，你若完成了，我就给你一个大奖励。其实，咱们出去旅游好多次了，每次重点关注什么我都和你说过，你回忆一下。我只给你提供一招，没头绪找旅游博主。"说完，爸爸很干脆地挂了电话。

小瑾渴望得到爸爸的大奖励，于是埋头继续一点点啃攻略。恰好他在学校里刚学了思维导图，他干脆用思维导图列出具体的分支，再一点点解决，最后归总。为了确保做出好攻略，他还打了好多电话，打给旅游平台，打给一些博主，打给一些景点，打给酒店。

当小瑾交上旅游攻略时，爸爸赞不绝口，果断地兑现了诺言。为了鼓励小瑾，他干脆把订酒店、订饭店和订车的任务一并交给了小瑾。爸爸则做财务支持。当然，小瑾依然是决策者。这次经历让小瑾变得更加自信、独立。

专家分析

我们一直希望孩子快点长大，却又总是把孩子当成孩子，以至于我们的教育方式显得颇为矛盾。事实上，如果父母能表现得稍微"无知"一些、"粗心"一些，甚至在某些方面显得"不负责任"，那么对培养孩子的独立性有一定助益。

从这一点上说，父亲在培养孩子独立上有独特优势。为什么呢？

通常来说，父亲心更"狠"，母亲心更软。比如，冬天下大雪，父亲领着孩子出去，他们舍得把孩子扔进雪堆里，母亲则会担心孩子是否会被冻坏；孩子摔倒时，父亲通常会让孩子自己爬起来，而母亲可能立刻上前扶起安慰。

父亲更"懒"、更"粗心"，母亲更勤快、更细心。比如，很多父亲贪玩，喜欢把问题直接抛给孩子；母亲则会责任感更强，想得更多，帮得更多，但这在一定程度上反而剥夺了孩子独立成长的机会。

这当然不是绝对的，但相对来说，女性荷尔蒙会促使母亲给予孩子更多的保护。这当然也不是谁优谁劣的问题，母亲对孩子的保护不可或缺，那是温暖孩子一生的底气。这里也并不是要用真正的粗心、懒惰教育孩子，而是说父亲若能积极参与到对孩子的教育中，不但可以解救母亲，给予母亲更多的教育视角和教育反思，还能给孩子更好的独立成长空间。

简单而言：少帮孩子，孩子更独立。

父职觉醒之路

父职觉醒需要的绝非浅尝辄止的认知，而是深度认知。有些父亲认为"让孩子独立"这件事简单，只要不管就好了。其实，这里有大学问，尤其是从父亲这个角色说起，就更有讲究了。那么，父亲应该有哪些作为呢？

1.解放母亲

这是父亲最应该做的事情。父亲越没有责任心，母亲对孩子的呵护感和保护欲就越强，反而不利于孩子的独立。如果爸爸能够积极参与，那么母亲就会相对放松，即使看到爸爸做事"粗心"，喜欢当"甩手掌柜"，把事情交给孩子做，母亲也不会过度紧张。如果看到这样做对孩子的独立性有更好助益，母亲反而更愿意放手，给孩子更多独立的空间。这才是最难能可贵的地方。

2.确定哪些事情可以不管

虽然放手很重要，但这并不意味着完全撒手不管。真正的懒惰和粗心，不仅无法培养孩子的独立性，还可能让孩子感到被忽视或陷入危险。

比如，一个不负责任的父亲和孩子一起走路，过一条小渠时，父亲自顾自过去了，继续向前走，他根本就没有考虑到，以孩子的身量迈不过小渠。孩子眼巴巴望着父亲，可父亲连后脑勺都是无情的，孩子只好自己想办法，可他太小了，办法也少，眼见父亲越走越远，他越来越慌，一狠心迈出去，结果正好掉到渠里。再说父亲，听到有人喊有孩子落水了，他还去看热闹，结果发现是自己家的娃。

这种不负责任也许会让孩子独立，但更会让孩子缺乏安全感。培养独立性并不意味着让孩子孤军奋战，我们首先要确定哪些事情是可以不管的，不管到哪种程度。我们是成人，要以成人的能力、视角进行预估，并做好筹划，而不是毫无想法地随便撒手不管。

　　具体哪些事情该放手、哪些事情必须插手，这没有定论，不同年龄的孩子能力不同，不同性格的孩子发展自我的动力也不同，不能一概而论，但我们一定要有放手的意识。这里介绍一个小妙招：可以进行小范围测试，确定该从哪里做起，然后循序渐进地放手。

3.真正让孩子自主

　　一旦确定了不管的事，就要真敢让孩子自主筹划、自主决策、自主承担，而不要随便打乱孩子的节奏，扰乱孩子的进程。另外，不要一看到孩子出错，就要上去帮忙，那会扼杀孩子的独立性，一定要给孩子纠错、成长的时间。

　　就像老鹰把小鹰扔下悬崖驯飞，就像狮子把小狮子撵出去猎食，只要我们不把孩子一直保护在自己的羽翼里，让孩子见识到更多的阳光和风雨，让他摸爬滚打着成长，他就能更快地自信独立于天地间。

建立责任感：父亲是不可或缺的引导者

　　责任心是成就的前提，因为敢于承担，所以能够突破；因为乐于奉献，所以能够收获。很多父母都没有意识到培养孩子责任心的重要性，导致孩子缺乏责任感与担当能力。

　　在家庭中，一些孩子逃避简单任务，比如整理房间、摆放餐具。他们觉得这些家务与己无关，也不关心家人的情绪和需求。在学校，他们对学习不负责，比如不完成作业、上课不认真、缺乏集体荣誉感、敷衍值日工作。这些行为反映出孩子责任感的缺失，所以在教育孩子时，父亲就要引导他们学会承担责任，关爱他人，遵守规则。父亲，在引导孩子形成责任感中扮演着重要角色。

情景导入

　　小煜不爱学习，经常不交作业，老师教训他，他就常在课堂上捣乱。老师多次找妈妈谈话，妈妈担心小煜会变成"坏孩子"，决定让爸爸管教小煜。爸爸正为筹划一个新项目准备出差，但他觉得教育孩子同样重要，因此决定带着小煜一起出差。小煜心里五味杂陈，不知道爸爸会怎样惩罚自己，也不明白爸爸为什么要带自己出差。

爸爸在酒店接待客人，每个客人到来时，爸爸总是微笑着说："这是我的儿子，是个有责任感的小家伙。"客人们听后，都对小煜表达了尊重和喜爱。这让小煜感到既惊讶又受用。

一天，某个客人看到小煜很好奇，问道："你没上学吗？"小煜一时语塞，不知该如何回答。客人忙打圆场："你爸爸夸你很有责任感，看来你一定是做了不少大事。"小煜更尴尬了。他看向爸爸，爸爸笑望着他。小煜低下头，深吸一口气，诚恳地说："其实……我在学校里表现并不好。我现在明白爸爸为什么用'责任感'介绍我了。实际上，我并没有责任感。但我并不认为自己一无是处，我已经认识到了自己的问题。我不该扰乱课堂秩序，不该不交作业。从今以后，该遵守的规则我会遵守，该做的事情我会做，该承担的责任我也会承担。"客人听完，脸上露出惊讶的神情，爸爸也欣慰一笑。

专家分析

这位爸爸看到孩子的问题，并没有急于训斥、指责孩子，而是决定带着孩子一起出差，给了孩子一个非常漂亮的身份，让他得到更多人的尊重，让他拥有身份质感，快速强化他的责任感，使他意识到要自主地学会遵守规则，以便守护得到的这份尊重。

让孩子有责任感，这看似是一个很大的问题，但其核心只有一条，那就是清晰、完整、正向的自我意识，包括我是谁，我在什么样的环境中，我扮演什么样的角色，我要成为什么，我要做什么。

换句话说，就是让孩子成为一个可以充分展示内心世界，同时能自由与外部世界建立联系的三维立体的人。这不完全是独立性的问题，还涉及连接性，而尊重就是让孩子成为这样又独立又有连接性的"人"的根本，尤其是来自父亲的尊重。

母亲的尊重对孩子当然也重要，但由于母亲给予的温暖更多，孩子在母亲这里是很有安全感的，哪怕母亲大声骂、狠心惩罚，孩子也不会担心失去母亲的爱。别看孩子小，他其实很敏感，甚至会产生拿捏母亲的小心思。

对孩子来说，能力强、言出必行、有原则的父亲就是一座让人仰望的高山，他能给孩子正向反馈，更容易激发孩子的责任感。

父职觉醒之路

父职，区别于父权，它强调的不是权威与控制，而是责任与陪伴，是尊重和理解。这才是更为厚重的父爱。

那么，作为父亲，具体要如何通过尊重培养孩子的责任感呢？

1.给孩子有价值感的身份

如今很多学校的老师都会设置一些岗位，比如擦黑板卫士、浇花使者等。在我们成人听来这似乎有些幼稚，但对孩子很管用，因为这种身份赋予孩子价值感，让他感受到自己是班集体中不可或缺的一部分，能够激发孩子的内在动力，而岗位的具体任务也能让他们学会负责任。

我们也可以采取这种措施，通过家庭角色或具体任务，让孩子感受到自己的重要性。比如，让孩子担任"家庭环保小卫士"，负责监督垃圾分类；或者让他成为"家庭活动策划人"，负责安排周末的家庭活动。

不过，虽然身份能增强孩子的责任感，但父亲们要注意适度，不要让孩子过度看重身份、过度看重别人的评价，以免形成"讨好型人格"。

2.让孩子自己寻找价值属性

让孩子寻找自己的价值属性，先对自己负责，再对社会负责。

父亲可以给予孩子足够的空间，让孩子探索自己的身份与价值。比如，当孩子因好奇而想做探险家，因好动而想成为修理工，或因好说而想成为演讲者时，父亲应当支持他们的选择。如果孩子做得好，成功会肯定他们的价值，增强自信心；如果做得不够好，父亲可以引导他们反思，让他们为自己的选择负责，鼓励他们在探索中学会担当，并对自我价值有更深入的认知。这种自我驱动的责任感，远比外界的强制要求更有力量，也更为持久。

3.身教重于言传

父亲应该成为孩子最好的榜样，比如父亲在工作中认真负责，在家庭中履行承诺，在社会中遵守规则，孩子会潜移默化地学习这些品质。父亲不需要过多说教，而应通过自己的行动展示责任感。

建立责任感有很多的维度和方法，需要一个循序渐进的过程，不可能通过一两个故事就让孩子形成责任感，但只要给了孩子正确的认知，在孩子心里种下责任感的种子，就可以慢慢等待它发芽长大。

责任感是在被需要、被信任和被尊重的过程中，一点一滴积累起来的。我们只有给予孩子成人般的尊重与信任，他们才会朝着成熟、负责的方向成长。

激发想象力：机智的父亲不设限

许多父母都意识到想象力对孩子的重要性，他们希望通过阅读、讲故事、玩角色扮演、鼓励绘画等方式，打开孩子想象的大门。

其实，当孩子是白纸一张时，他对这个世界有着无限的想象。他可能会说云朵是棉花糖，可能会将自己被烫了说成是被虫子咬了。很多人喜欢纠正孩子，让孩子有正确的认知，殊不知这会毁掉孩子的想象力和创造力。

那些机智且沉稳的父亲很少否定孩子的话，他们会认真倾听，努力保护孩子的想象力。

情景导入

小磊的爸爸是个"不靠谱"的人，他总是做些让人哭笑不得的事情。在小磊眼里，爸爸却是世界上最有趣的人。比如，小磊说想把太阳摘下来，做成鸡蛋给妈妈吃，妈妈听了只是感动地拥抱他，然后就不再理会。爸爸则会问："怎么做？"小磊想了想，说用梯子。爸爸搬来了一把长长的梯子，可小磊发现够不到太阳，就说爬山。爸爸马上带小磊去爬山，结果爬上了山顶，太阳还是离得远远的。小磊噘着嘴想了很久，又说坐飞机。爸爸就真的带着小磊坐上了飞机。飞机越飞越高，小磊兴奋地等着看到太阳，最后却发现它依然那么遥远。他不得不叹了口气说："看来这是不可能完成的任务。"爸爸却笑着摇摇头："那可不一定！你看现在高铁速度能达到那么快，无人驾驶汽车到处跑，人类移居火星的计划也有了，谁知道以后会有怎样的变化呢？别不敢想。"小磊听得很兴奋，虽然任务没完成，但他觉得和爸爸一起"摘太阳"的过程比结果更有趣。

专家分析

生活中，很多父亲都喜欢天马行空的想象，也喜欢不设限地和孩子聊天。在这样的环境中长大的孩子通常敢想敢干，思维敏锐，能够做出更多的突破与创新。

培养孩子的想象力，父亲首先不能有狭隘的眼界，不能有封闭的心态，不能有局限性思维，也不能否定孩子任何荒谬的想法。也许今天的童言童语并不具备改变未来世界的策略与能量，可每一句来自童心的真心发问和设想，都值得我们认真而不设限地与之互动。因为你不知道哪句话就会锚定孩子的理想、哪句话就会激发孩子的想象力。

　　在孩子稚嫩的世界里，父母的很多语言、行为都有着不可估量的力量。在孩子形成世界观之前，父亲的开阔眼界、开放心态、开拓思维，更能让孩子的想象力获得野蛮生长的动力。

父职觉醒之路

　　父亲的社会生活和职业生涯赋予了他们开阔的眼界和丰富的见识，这些在育儿中都有重要的价值。父职觉醒未必需要翻天覆地的变革，有时只需转变一个观念，改变一个视角，灵活地将自己在其他领域积累的技能与方法应用到育儿实践中，就很可能获得意想不到的效果。

　　那么，父亲要如何培养孩子的想象力呢？

1.用开放式问题引导思考

　　父亲可以通过提出开放式问题，引导孩子思考并发挥想象力。比如，看到一朵云时，可以问孩子："你觉得这朵云像什么？它会不会是一头大象，或者一艘飞船？"这种问题没有固定答案，能够激发孩子的联想和创造力。

　　父亲也可以提出一些假设性的问题，比如："如果动物会说话，它们会说什么？""如果你能发明一种新颜色，它会是什么样子？"这些问题能够让孩子跳出常规思维，进入充满可能性的想象世界。

2.鼓励自由表达

父亲可以给孩子提供画笔和纸，鼓励他们自由地用文字或者绘画表达心中所想。无论孩子写、画什么，父亲都可以用积极的态度回应，比如"你画的这只怪兽真有趣，它有什么超能力吗"。这种方式能够让孩子感受到表达的乐趣。

对于年龄稍大的孩子，父亲可以鼓励他们写故事或日记，记录自己的想法和感受。父亲可以和孩子一起讨论他们的作品，并提出一些有趣的建议，比如"如果这个故事发生在海底会怎样"。

3.通过游戏激发想象力

父亲可以和孩子一起玩角色扮演游戏，比如假装是探险家、科学家、超级英雄等。在游戏中，父亲可以设定一些有趣的场景，比如"我们正在探索一个神秘的星球"或"我们需要用魔法打败一只怪兽"，让孩子在游戏中自由发挥想象力。

4.探索自然与科学

父亲可以带孩子去户外观察自然现象，比如云朵、星星、昆虫等，并鼓励孩子描述他们的发现，比如"你觉得这片树叶为什么会变成红色""这只蚂蚁在忙什么"。通过观察和提问，孩子能够学会用想象力解释世界。

5. 创造充满想象力的环境

父亲可以在家里为孩子布置一个充满想象力的空间，比如一个"太空舱"角落，或者一个"魔法城堡"帐篷。在这个空间里，孩子可以自由地扮演角色、讲故事或进行创意活动。父亲也可以为孩子提供一些能够激发想象力的材料，比如积木、橡皮泥、废旧纸箱等。这些材料没有固定的用途，孩子可以根据自己的想象随意组合和创造。

其实，每个孩子都是一个创作者，他们不缺想象，只是很多成人喜欢用自以为成熟的认知打压、塑造孩子，一步步扼杀孩子的想象力。

作为父亲，我们可以缺乏激发孩子想象力的办法，但一定要做孩子想象力的守护者和激发者。父亲要通过与孩子灵活互动，让孩子随心设计他的世界蓝图。

陪孩子玩：父亲与孩子的双重成长

如今，短视频已经成为我们生活中不可或缺的一部分。在很多年轻妈妈的镜头下，我们总能看到一些贪玩的爸爸。有的爸爸带孩子参加各种运动，有的爸爸和孩子一起幼稚地做游戏，有的爸爸和孩子互为玩具玩得不亦乐乎……这些父亲在陪孩子的过程中，再回儿时，重享简单的快乐。

父职觉醒并不意味着我们要从繁重的工作中投入更沉重的育儿劳动中，而是在陪孩子玩的时候抛开繁复的社会视角，使身心得到放松。孩子们通过玩实现成长，父亲们则通过陪玩重塑自我。

情景导入

小满和小野是一对双胞胎，他们的爸爸是建筑师，也是个超级贪玩的大孩子。从他们能走路开始，爸爸就带着他们到处"探险"。无论是走路还是骑行，爸爸总能别出心裁。就算是城市里一条普通的小路，他也能玩出花样，其中最简单的玩法就是看谁最快到达终点。小满和小野一开始只想加快速度，而老爸却抄了近路。

夏天，爸爸决定带着小满和小野回农村老家重整旧屋。他铲土和泥时，两个孩子也没闲着，一起在泥坑里玩耍。村里的阿姨们看不下去了，想把小满拽出来，她们说："女孩子要干净些！"小满理直气壮地说："你们不懂，我在做爸爸的小帮手。"爸爸点头说："没错，你做得很好。"小野更是忘乎所以，要爬到房顶"视察"。他吭哧半天终于爬上去了，四下一看，立刻吓得瑟瑟发抖，眼圈都红了，但他硬是不让爸爸接他，咬着牙说："我要自己上去，自己下来！"等终于爬下来时，他扑在爸爸怀里哭了，但很快又笑了："我是男子汉，我说到做到！"爸爸用泥水在他脸上抹了一道"勋章"，小野都舍不得洗脸，直到爸爸答应给他一张纸质奖状，他才洗掉那道泥印。

多年以后，小野翻出那张泛黄的奖状，对小满说："我们是这样长大的，真好。"

专家分析

从生理学的角度来看，男性大脑中的多巴胺系统更活跃，这能强化他们追求新鲜和刺激的体验，表现为贪玩；男性体内的睾酮水平较高，他们更喜欢竞争、冒险、挑战和探索。作为爸爸，如果能把这种贪玩的天性运用于正向教育中，那么会给孩子打开一扇充满奇幻、欢乐和创造力的门，能帮助孩子们实现全面发展，避免成为巨婴。

很多人不理解，为什么带着孩子玩能避免孩子成长为巨婴？

若要回答这个问题，我们首先要确定什么是巨婴。巨婴是一个心理学概念，用来形容心理滞留在婴儿阶段的成年人。这类人极度以自我为中心，缺乏对他人感受的理解与共情，只考虑自己的需求是否得到满足。在面对问题时，他们往往缺乏独立解决的能力，习惯于依赖他人，一旦愿望未达成，就容易情绪失控，像婴儿哭闹一样无理取闹。巨婴现象的出现主要源于父母对孩子过度保护，包办一切，导致个体缺乏独立成长空间，缺乏面对挫折和解决问题的能力。

父亲带孩子玩之所以能避免他们成为巨婴，是因为在玩的过程中，孩子会动手操作各种玩具，探索不同的环境，这需要他们运用大脑去思考，独立展开行动去尝试。就像案例中的小满和小野，他们从小就开始竞争，比谁跑得快，不但能锻炼体力，还能训练脑力。他们会思考，除了跑还有没有别的方法能更快到达，就像爸爸那样找捷径。同时，在玩的过程中，他们会直面问题，勇敢地独立解决问题。

父职觉醒之路

带着孩子玩看似简单，实则大有学问，还需要掌握一些原则和技巧。作为父亲，我们有必要发挥少时"打破砂锅问到底"的好奇心、"初生牛犊不怕虎"的勇气，以及"不想当将军的士兵不是好士兵"的野心，带着孩子玩出精彩。下面是一些具体的方法。

1.自由探索，但要注意安全

父亲带孩子玩时，通常比母亲更"放得开"。他们不怕孩子脏，不怕孩子累，甚至不怕孩子有一些小磕碰。这种态度让孩子在玩耍时少受拘束，孩子能够更自由地探索和尝试，也能更独立、更勇敢，更愿意积极参与，玩得更开心。

但有一点不能疏忽，那就是注意安全。虽然可以放手让孩子尝试，但必须在可控的范围内。比如，有些父亲在没有任何防护措施的情况下，让孩子独自滑雪或进行其他高风险活动，这种做法显然是不负责任的。一旦发生意外，后果将不堪设想。一定要在保证安全的前提下，带着孩子大胆尝试。

2.多户外，少户内

户外活动对孩子的身体和智力发育有着不可替代的作用。与户内上网、打游戏等虚拟玩乐相比，户外活动更能让孩子动手、动脚、动脑。比如，爬山、骑行、踢足球等活动不仅能锻炼孩子的体能，还能培养他们的团队合作精神和解决问题的能力。即使进行简单的户外探索，比如观察昆虫、收集树叶，也能开阔孩子的视野，激发他们对自然和科学的好奇心。

当然，户内活动也有价值，比如下棋、拼图等益智游戏，可以锻炼孩子的逻辑思维和专注力。但总体来说，父亲应该更多地引导孩子走出家门，接触大自然。

3.多探索玩法

很多娱乐项目都有固定的玩法，这些玩法虽然能锻炼孩子，但如果父亲能够带着孩子探索新玩法，使用最简单的道具，创造出独特的游戏，那才是真正的高质量陪伴。比如，有的父亲用一根绳子、几块石头，和孩子一起设计了一个"障碍赛"；有的父亲用纸箱和胶带，和孩子一起搭建一个"秘密基地"。

这种自主探索的玩法不仅能给孩子新鲜感，培养他们的创造力和解决问题的能力，而且不需要昂贵的道具或复杂的规则，使孩子从小就学会用最简单的原材料改造生活，而不会过度依赖成品工具。

父职觉醒其实很简单，就是和孩子一起上天入地、上树爬墙，重回少年时代，不畏惧生活，不受挫于岁月，也不辜负为父的责任，这就是生活给予我们最好的馈赠。

第二章

养育同盟：
父职觉醒的协作方程式

在和睦、温暖、充满爱的家庭环境中长大的孩子，更容易形成安全感，建立自信心，学会爱与尊重他人。父母之间的默契与关怀，不仅是家庭幸福的基石，也是孩子健康成长的榜样。因此，若想让孩子赢在起点，父亲不仅要积极参与孩子的成长，而且要更加体恤和关爱孩子的母亲。父母唯有结成养育同盟，共同承担教育孩子的责任，才能为孩子的一生幸福奠定坚实的心理基础。

父亲开拓疆界，母亲温暖心灵

父母在孩子成长中扮演着不同的角色。母亲的爱像温暖的阳光，滋养孩子的心灵，给予他们情感依托；父亲的爱像远方的灯塔，指引孩子前行的方向，赋予他们勇气和力量。

成长意味着要不断向外，走向更广阔的天地，走进充满竞争与挑战的世界。因此，父亲们有必要与母亲们结成养育同盟，让孩子既能心怀温暖，又能行稳致远。

情景导入

自从被小雨家的狗吓过后，小葵就不爱交朋友了，还常骂小雨和狗是坏蛋。爸爸知道小葵有心病，决定好好陪陪她。

一天，小葵正在玩乐高，爸爸想加入，小葵看都不看。爸爸说："我能用这堆材料搭出更多东西，你信不信？"小葵瞥了爸爸一眼，爸爸笑着说："不信？那你给我出个题目。"小葵问：

"能搭哪吒吗？""那你说说哪吒有啥特点？""丸子头，乾坤圈，混天绫，风火轮，还有黑眼圈，齐刘海！"

爸爸开始搭建乐高，一边搭一边问："你知道哪吒为什么有黑眼圈吗？"小葵摇头，爸爸说："我悄悄告诉你，那是让坏蛋害怕的魔力圈。"小葵眨巴着眼睛。爸爸又说："我搭的哪吒能警告小雨家的狗，让它不敢再吓小葵了。"小葵眼睛亮亮的，不由自主地抱住爸爸："爸爸，你在开玩笑吧？""不信？我们搭完就去。"

搭完后，爸爸真的将小葵扛在肩上直奔小雨家。刚到门口，小黑狗就冲了过来。小葵大叫："爸爸快跑。"爸爸说："不怕，爸爸在。"小葵吓得闭上了眼，却听见爸爸喊"坐下"，又说"握手"，小葵很好奇，睁开眼睛，见小黑狗正抬起爪子。爸爸握住狗爪，说："别再欺负小葵了，不然我会让你好看。"小黑狗温驯地摇着尾巴。小葵虽然紧张，但笑了。

🎀 专家分析

大多数孩子委屈受伤时，第一件事就是找妈妈，有些大孩子上了一天学后，回家第一件事还是找妈妈。这是因为母亲更关注孩子的日常需求和情感变化，能够在细节上给予孩子无微不至的照顾和情感支持，使孩子更愿意依赖母亲。

很多孩子和妈妈互动时兴高采烈、手舞足蹈，一转脸看到父亲，表情一秒冰冻，那陌生、怀疑的小眼神，以及带点厌恶和恐惧的小动作，都说明孩子恨不能生出屏蔽的功能，将父亲隔离到世界之外。这并不是孩子不依赖父亲，只说明在孩子的世界里父亲的信息太少，孩子并不确定这个有点陌生的人是否能像妈妈那样给予他温暖。

实际上，积极参与教育孩子的父亲，能够给予孩子更高、更强的安全感，也更容易赢得孩子的信赖。这是因为有耐心的父亲通常能够为孩子打造一个更丰富、奇幻、灵动的世界，比如事例中的爸爸在发现孩子的心灵受伤后，并没有大惊小怪，而是通过一场玩闹、游戏，慢慢疗愈了孩子，让孩子重新快乐成长。

父亲不仅会陪伴孩子探索自然、动手实践，还会通过讲故事、玩游戏等方式激发孩子的想象力。父亲的力量感和冒险精神能够让孩子在安全的环境中尝试新事物，勇敢面对挑战。这种丰富的体验不仅拓宽了孩子的视野，也让他们在成长过程中感受到更多的可能性。

另外，父母共同养育孩子可以从多维的视角和思维方式，发现孩子更多维度的问题和潜能，并更好地保护孩子健康平安地成长，也能更好地开发孩子的能力。

父职觉醒之路

那么，父亲应该如何与母亲合作，让孩子安心远行呢？

1.关注孩子的身心

在大多数家庭中，这个任务都交给了母亲，即使母亲再睿智、细心，也依然容易忽视一些问题，尤其是当孩子想要逃避时，母亲会更难发现。父亲则可以通过不同的角度和细节看到母亲忽略的问题，这就相当于给孩子上了双重保险。所以，父亲不要做教育的旁观者，而是要和母亲共同关注孩子的身体状态和心理状态，及时发现问题并给予支持。

关注孩子的身心，不仅要关注他的吃穿住行，还要关注他的情绪、心态和目标等。比如，是否积极，是否有野心，是否有明确的目标，是否喜欢内耗，是否在人际交往中存在问题。

父母之间要经常沟通，分享对孩子的观察，并共同制定引导策略。

2.关注孩子的行

孩子的行为习惯和兴趣爱好对未来发展至关重要。父母需要共同关注孩子的兴趣点和天赋，比如音乐、绘画、运动、科学等，帮助他们在成长中扬长避短。

具体来说，父亲可以通过陪伴孩子尝试不同的活动，发现他们的天赋；母亲可以通过与孩子的日常互动，了解他们的潜在兴趣。

对于孩子的短板，父母要协商并选取适当的方式帮助孩子改进。比如，如果孩子不擅长社交，父亲可以通过游戏或活动引导孩子与他人互动，母亲则可以通过情感教育帮助孩子建立自信。

3.关注孩子的想

孩子的思维方式决定了他们如何看待世界和解决问题，父母要帮助孩子建立良好的学习习惯和思维方式。父亲可以通过逻辑游戏或科学实验，培养孩子的分析能力；母亲则可以通过阅读和讨论，拓展孩子的知识面。在日常生活中，父母要引导孩子学会解决问题。

需要注意的是，有些父亲，尤其是在世俗意义上比母亲更成功的父亲常会自以为是，总觉得自己的思维模式更有优势，自己对未来的规划更优质，于是不顾母亲的意见和孩子的意愿，一意孤行，对孩子的未来大包大揽，对孩子的母亲指手画脚，这样的方式即使真的规划了好的人生蓝图，也不一定适合孩子的未来。

父母只有顺应孩子的成长节奏进行教育，才能引导他们保持内心平静和坚定意志，帮助他们拓宽视野，培养灵活的思维和强大的行动力，让他们可以走得更远。

父亲不缺席，母亲不焦躁

"父亲不缺席"这一教育理念在很早之前就已被提出，且引发了网络热议。现实中，仍有许多父亲将教育孩子的责任完全推给母亲，甚至认为这是理所当然的。

情景导入

小哲的小毛病很多，比如丢三落四、不整理房间、吃饭挑食。妈妈想了很多办法，比如故事法、榜样法，小哲仍然时好时坏。妈妈想让爸爸做榜样，爸爸却说："让我来管孩子，你当妈的干什么""别整天拿这些鸡毛蒜皮的事烦我"。妈妈非常生气，却又无可奈何。

一次放假，小哲从奶奶家回来，妈妈让他补作业，他找作业本时大翻特翻，把房间弄得乱七八糟。妈妈看到后，火冒三丈："你的脑子到底长在哪里？你总怪我唠叨，我还不够努力吗？我想了多少方法啊？为什么你就不能改呢？”小哲嘟囔着：“你就知道朝我发火，你看我爸就从来不管我。”爸爸听到了，也指责妈妈：“你就是一个情绪不稳定的女人，我建议你还是先看看心理医生吧。”妈妈惊呆了，悲从中来，坐在沙发上哭了起来。

专家分析

在现代社会中，大多数母亲都面临着多重角色的压力：不仅要承担育儿和家庭管理的重任，还要在竞争激烈的教育环境下，投入大量的时间和精力研究教育方法，力图给孩子最好的教育。此外，她们每天还要面对源源不断的工作压力、经济压力。这使得她们常常处于高负荷状态，容易陷入不良情绪中。

当母亲们意识到父亲在孩子成长中不可或缺时，往往期望父亲能够积极参与育儿。如果父亲们还沉浸在传统的角色中，缺席孩子的教育，母亲们可能会感到愤怒、焦躁和不安。

从心理学角度来看，母亲的焦躁、不安对孩子的成长极为不利，尤其是在幼儿阶段，孩子对母亲的依恋尤为强烈，对母亲的情绪极为敏感。如果母亲长期处于高压和焦虑中，这种情绪会无形中传递给孩子，使孩子过早地感受到压力和负面情绪，进而影响孩子的心理健康和性格发展。

若父亲能够积极参与育儿，不仅能有效分担母亲的重担，还能营造更加和谐的家庭氛围，让孩子在成长过程中获得更全面的支持与关爱。

父职觉醒之路

父职觉醒本质上是一种意识的转变，我们不应被动等待母亲的督促或孩子召唤才去履行责任，而应主动觉醒，积极担当起父亲的角色，耐心陪伴并引导孩子在每个关键阶段的成长。

以下提供一些实用的小方法，帮助父亲们提升陪伴孩子的耐心，进一步强化父职觉醒。

1.敬畏成长

很多父亲觉得孩子成长太慢了，父母要历经十几年才能逐步卸下教育的重担，很是煎熬。换个角度想，孩子难道不是在用慢成长带给我们一种慢生活吗？

拿着手机玩或者跟朋友觥筹交错的记忆永远都是模糊的，但陪伴孩子时，他从蹒跚学步到牙牙学语，再到青春叛逆，那种生命蜕变的过程，那种我们亲自塑造生命的体验，将永远珍藏在我们记忆深处，成为温暖我们一生的珍贵的人生感悟。何况时光飞逝如白驹过隙，一旦错过了孩子的成长，就真的难以弥补。

2.留出亲子专属时光

每天设定一段专属的亲子时光，比如晚饭后半小时，和孩子一起玩游戏、读绘本，或聊天。再比如每天都抽出5～10分钟，什么都不做，认真听听孩子说话。在这段时间里，要把自己彻底从凡尘杂事中解放出来，全身心投入，不被其他事情打扰。

这种稳定的亲子互动不仅能增进亲子关系，还能让你在熟悉的情境中逐渐养成耐心陪伴的习惯。很多时候，并非孩子打扰了我们的休息时间，让我们无法放松，恰恰相反，孩子能将我们从日复一日单调的工作轮回中解脱出来。

3.陪孩子完成长周期目标

陪孩子完成踢球、练字等长期目标，对父子双方都是挑战。孩子在坚持中需要耐心，父亲更要以身作则，从设定目标到分解任务，从鼓励坚持到庆祝进步，都要稳住情绪，做好监督。这不仅能够锻炼孩子的毅力，也是磨砺父亲耐心的契机。通过共同坚持，父子不仅能达成目标，还能在陪伴的过程中建立更深的情感联结。

如果你想让孩子的每个梦想都生根发芽，每一次挫折都化作成长的养分，那么就不要错过对孩子的陪伴与教育。父爱不缺席，母爱不焦虑，才能给孩子满满的成长正能量。

父亲"怀孕期"：爱与期待的新姿态

别害怕，所谓"男人的怀孕期"并非指男性真的怀孕。这只是一个比喻，用来描述妻子孕期时丈夫处于特殊阶段。

在这个时期，男人会经历一系列身心变化，这些变化恰恰表明他对妻子的疼爱，对即将成为父亲的角色充满期待，欢迎新生命的到来，并认真思考如何承担起父亲的责任。

情景导入

　　小川很爱妻子星月，他们从大学相识，一路走来，感情深厚。星月怀孕后，小川既兴奋又紧张，总是忍不住想象孩子的模样。星月怀孕三个月时，小川突然感到恶心、食欲不振，甚至偶尔还会呕吐。他以为自己生病了，非常害怕："孩子马上就要来了，我可不能在这时候倒下，不能让星月独自承担生育、养育那么大的任务！"小川偷偷跑去医院做检查，结果医生告诉他这是

"男性孕期综合征"，小川详细询问了一些细节后，开始有些啼笑皆非，后来反而很高兴。

回到家，他就和星月说了自己的问题。他说："我不能替你怀孕和生产，但我愿分担其他所有妊娠问题。"星月很感动。不知是不是心理作用，星月在整个孕期几乎没有多少不适，而小川的孕吐却很严重，情绪变化也极大，变得焦虑、爱哭，到后期甚至出现了假孕、水肿。尽管如此，他还是每天都细心照顾星月，陪她散步，给她按摩，为她准备营养餐，只不过有时候做着做着饭就去呕吐了，星月不得不代替小川做完饭菜。小川最常说的一句话就是"你太不容易了，女人太不容易了"。说着说着，他又会哭起来。好友都笑话小川，但星月的闺蜜们都喜欢小川。她们羡慕地说："星月和孩子都很幸福。"

专家分析

由于长期陪伴星月，再加上真心疼爱星月，以及对家庭的责任感和对未来的期待，小川的身体和心理都受到了妻子激素变化的影响。他的症状其实是爱的共鸣，他用自己的方式分担了星月的辛苦，也表达了对新生命的无限期待。生活中，这并不是特例，很多男性在妻子怀孕期间都会或多或少有一些特别的反应。

对大多数女性来说，如果能有一个这样的伴侣，她们会感到无比安心和幸福。这份共同迎接新生命的温暖，会成为她们在育儿道路上最坚实的力量。

从社会视角看，父亲角色常被局限于"养家糊口"，男性孕期综合征有力地冲击了传统的性别刻板印象。这一现象表明，父亲同样能在情感上给予家人细腻的关怀，在身体力行中深度参与育儿全程，为孩子的成长全方位护航。

为了共同承担养育和教育孩子的责任，一些年轻的父母早在备孕期间就会做很多工作，比如让未来爸爸体验怀孕和生产的痛苦和艰难，如参加分娩疼痛模拟体验，感受宫缩剧痛；在肚子上捆绑不同重量的水果模拟孕妇行动，体会孕期行动不便，理解妈妈肚子渐大的负担。这些体验能让准爸爸更懂妈妈，增进夫妻间的理解与爱意，未来也能更好地承担起对孩子的教育责任。

父职觉醒之路

总体来说，父亲应该积极参与到育儿当中。那么，父亲又该如何展开行动呢？

1.做好经济准备与精神支持

没人能强迫所有准爸爸都来经历一次"怀孕期"，这里只是希望父亲们能够体会母亲们的不容易，并负起责任来。迎接孩子的到来，父亲也需要做很多准备。在经济上，提前规划家庭财务，为孩子的出生和成长储备足够的资金，比如预留孩子的奶粉、教育等费用。在精神上，时刻关注妻子的情绪变化，给予她充分的理解和鼓励。当妻子因孕期不适而焦虑时，耐心倾听她的烦恼，用温暖的话语安慰她。

2.积极参与孕期各环节

比如，一同参加备孕知识讲座，了解科学备孕方法，提前三个月补充叶酸，规律作息，均衡饮食；妻子怀孕后，和她一起参与孕期瑜伽课、育儿辅导课等；定期陪妻子去医院产检，了解胎儿发育情况。从迎接孩子降生那一刻起，父亲就要积极参与。

有父亲做坚强的后盾，母亲的孕期情绪更稳定，能够减少孕期并发症的风险，使胎儿保持更健康的状态。而且，父亲积极参与孕期的各个环节，可以增进与未出生孩子的亲子关系。

3.始终保持稳定的情绪

在母亲孕期，父亲最好保持稳定的情绪，这对母亲和孩子都很重要。即使父亲出现孕期综合征，也不必惊慌。父亲可以和母亲一起参加育儿课接受辅导，在专业老师的指导下，学习如何应对各种情况。育儿课不仅能传授育儿知识，还能帮助父亲缓解心理压力，让父亲更好地适应即将迎来的父亲角色。

同时，夫妻间要保持良好的沟通，互相分享感受，共同度过这个特殊时期，为孩子的健康成长营造和谐、温暖的家庭环境。

4.共同规划育儿计划

很多夫妻都会商讨孩子的未来。从孩子的早期教育，比如选择合适的早教班，到孩子成长过程中的兴趣培养，像学习乐器、绘画等，父亲都可以提前做好规划。

父亲和孩子之间的关系，不应该仅仅停留在基因的延续和传承上，更应该建立起深厚的情感连接。拥有充足的爱，将来孩子才能游刃有余地面对不确定的未来。

"红脸战术"：孩子成长易 "跑偏"

有些妈妈经常这样对孩子说："你再不听话，我就告诉你爸爸了。""你等着吧，你爸爸肯定能收拾好你了。"传统教育中有一种方法，那就是"爸爸管，妈妈爱"，也就是"爸爸唱红脸，妈妈唱白脸"。

这也是一种养育同盟，那么这种方式对不对呢？

情景导入

小嘟从小就特别淘气，有一次还将一杯开水倒在爸爸的笔记本上，导致爸爸的工作受到严重影响，爸爸非常严肃地批评了他，还重重惩罚了他。小嘟老实了好几天，爸爸说什么，他听什么。从那之后，爸爸妈妈就无意识地采用"一个唱红脸，一个唱白脸"的教育方式。爸爸总喜欢制定一些规则，并监督小嘟，比如放学后第一时间写作业，不准在客厅玩球，见人要立刻打招呼……但爸爸定规则并没有规律，想到什么就说什么，比如见到小嘟写作业姿势不对，马上严肃地说："坐正，不然就给我写十遍作业。"

由于爸爸很少给小嘟笑脸，使得小嘟对爸爸有些疏离，他很怕爸爸，只要爸爸提出规则，他当场就能做到。但是，只要爸爸离开，小嘟马上就会破坏规则，直至妈妈气得要给爸爸打电话，他才能消停一会儿，没多久就又恢复原样。

有一次，小嘟玩手机，妈妈抢了半天都没抢过来，她又搬出爸爸："我不管了，让你爸爸来看着你。"小嘟马上说："别别，别叫爸爸来，他肯定会罚我的。好妈妈，好妈妈，我就再玩一会儿。"原来他早就发现了爸爸妈妈的教育"套路"，所以有时候，他会故意避开爸爸，走"妈妈路线"。

专家分析

从这个案例中我们可以看出，小嘟一直没有建立起规则感，他只是怕爸爸，若爸爸不管，那一切都不是规则；小嘟还学会了钻父母的空子，利用一方的宽容逃避另一方的惩罚。

这种教育会存在以下几种问题：

1.容易造成孩子认知混乱

如果长期采用这种方式，孩子可能会对父母的教育态度感到困惑，不知道什么是真正正确的行为标准。比如，孩子可能会认为只要在唱白脸的家长面前就可以随意撒娇、不遵守规则，而在唱红脸的家长面前才需要表现好。这种教育方式不利于孩子形成稳定的价值观和行为准则。

2.破坏亲子关系平衡

这种方式可能导致孩子与唱红脸的家长关系较为紧张，又对唱白脸的家长过于依赖。就像案例中的小嘟对爸爸很疏离，对妈妈很赖皮。

3.阻碍正常沟通

唱红脸的爸爸为了维持威严，无法和孩子坦诚沟通，这种沟通障碍不仅会削弱父子之间的信任，破坏父子之间的亲密关系，使孩子不愿意与唱红脸的父母分享真实感受和想法，而且可能对孩子的情感发展和社交技能产生不利影响。

4.孩子会对家庭成员角色产生误解

如果父母在孩子面前扮演不同的角色，可能会让孩子对家庭成员角色产生错误认知，比如认为父亲只是严厉的"惩罚者"，母亲只是温柔的"保护者"，从而影响他们对家庭关系的理解，进而影响他未来的恋爱观和生活观。

父职觉醒之路

　　"一个唱红脸，一个唱白脸"这种教育方式之所以会出现，主要是受传统家庭角色分工观念影响，同时这种方式也源于人们对刚柔并济教育效果的追求，希望通过不同态度相互配合，让孩子既能感受到关爱又能明白规则，从而更好地实现教育目的，促进孩子成长。

　　其实，刚柔并济的教育方式没有错，但需要掌握一定的方法。

1.明确并坚守规则

　　父母首先要有良好的规则意识，这是家庭教育的基础。规则的制定必须清晰明确，执行起来要坚定不移，不能今天要求孩子遵守规则，明天却对孩子的不良行为视而不见。

　　规则需要合理且适合孩子的年龄，符合孩子的需求，即使发现规则需要调整，也应通过协商坦诚告诉孩子原因，让孩子明白规则的可变性源于家庭的平等交流，而非随意更改。

2.统一教育理念

　　父母在教育孩子时，必须达成一致意见。无论是行为规范还是价值观引导，双方都需要在核心问题上保持一致。如果有分歧，那么应避免在孩子面前争吵，而采取私下协商的方式，直至达成共识后再与孩子沟通。

统一的教育观念不仅能让孩子感受到家庭的稳定性，也能避免孩子因父母的分歧而感到困惑或焦虑。比如，如果父亲规定"晚上9点必须睡觉"，母亲也应支持并执行这一规则，而不是因心软而允许孩子拖延。

3.及时的情感支持

在规则执行的过程中，父母需要做到刚柔并济。严肃体现在规则的坚守上，明确告诉孩子什么可为、什么不可为，并在孩子触碰底线时坚定制止；温暖则体现在情感支持上，当孩子受挫时给予鼓励，当孩子成功时给予赞扬，让孩子感受到父母无条件的爱与支持。这种情感支持不仅能帮助孩子建立安全感，也能让他们在规则框架内自由探索和成长。

父母还可以在不同场景中扮演不同的角色，但必须确保对孩子的期望和底线是一致的，同时用爱滋养孩子，让他们知道父母是自己强大而坚定的后盾。

其实，唱什么脸有什么关系呢，我们的任务是让孩子明白"爱是爱，规则是规则"，他不会缺爱，但要遵守规则。这是家的真相，也是和谐社会的稳定底色。

家庭赞美链：父亲示范的情感传递

　　谁不喜欢被赞美呢？赞美是外界对自我的肯定，它会使人自豪、自信、高兴，有了这样正向的能量，自然会大大减少矛盾、冲突等负面能量。

　　在交际场如此，在家里也是如此。如果爸爸经常赞美妈妈，那么家庭氛围就会温馨和谐。这不仅能够增进夫妻关系，妈妈收获的肯定与爱意，还会化作源源不断的温暖，滋养孩子的心灵，温润整个家庭。

情景导入

　　小朵朵的爸爸脾气特别好，尤其喜欢赞美妈妈。妈妈很吃爸爸这一套，所以她经常问爸爸："你看我今天有什么变化没？有什么可赞美的没？"小朵朵觉得这比自己玩的"考眼力"难多了，可爸爸几乎每次都能发现一些细节，然后认真地赞美妈妈一番。妈妈被夸得心花怒放，小朵朵一开始只是觉得有趣，后来又觉得爸爸油嘴滑舌。

一次，妈妈买了一只漂亮的手镯。回家后，她故意把袖口拉下来遮住手镯，然后才"拷问"爸爸。小朵朵等着看爸爸的笑话。爸爸仔细看了看妈妈，说："你今天精神状态特别好，看起来比同龄人年轻多了！果然心量大的人就是不一样。"小朵朵差点没忍住笑出声来。她正要开口讽刺爸爸花言巧语，却见妈妈高兴地问："真的吗？"小朵朵愣了，妈妈好像忘了手镯的事，小朵朵不由得翻了个白眼。爸爸看到了，说："对了，我今天特高兴，因为我同事说，你女儿睿智又有担当。"接着，他说起小朵朵在学校里经常帮助一个自卑同学的事。小朵朵刚翻上去的白眼立刻笑意满满。

晚上，小朵朵在日记本上写道："爸爸的同事夸我睿智又有担当，其实对那个同学，我只不过比别人多说了几句赞美的话。以前，我有点轻视爸爸对妈妈的赞美，但现在，我认为我爸爸应该是天使，他总是能让我和妈妈变得更好。"

专家分析

通过上面的案例，我们也能看出赞美所释放的能量。爸爸若经常赞美妈妈，不仅能滋润妈妈的身心，让她感到愉悦与满足，还能为整个家庭营造温暖、积极的氛围，对孩子形成正向的深远影响。

一方面，这能让孩子深切感受到家庭中浓郁的爱意与温暖。这种积极的情感体验会让孩子充满安全感，从而更专注地投入学习和生活中，使孩子的性格变得更加自信和开朗。另一方面，这种正面的情感交流还能帮助孩子构建正向人际交往模式，使他们学会用赞美和善意温暖他人，在社交中收获良好的人际关系，变得更受欢迎。

但实际上，很多人总是习惯于将美好的形象呈现给外人，而将不堪展现在家人面前，比如对家人指手画脚、口不择言，在家里大呼小叫……这不是很奇怪吗？我们把家当成自己补充能量的港湾，却又把家打造成战争事故场，让孩子整日生活在恐怖的状态下，身心疲惫不堪。

再想想，赞美几乎是让家和睦成本最小的方法了。为什么不愿意这样做呢？

父职觉醒之路

这里介绍几种赞美妈妈的方式，帮助爸爸们将爱意融入日常生活的点滴中。

1. 表达要真诚

赞美的核心在于真诚。爸爸需要用心观察妈妈的付出，并用语言表达出对她的理解与感激。比如，当妈妈做了一桌饭后，爸爸可以如此赞美："你今天做的饭菜特别好吃，我和孩子们都吃得很开心，辛苦你了！"这种赞美不仅肯定了妈妈的努力，还让她感受到自己的付出被看见、被认可。真诚的赞美能让妈妈感受到被理解、被祝福，从而增强她的幸福感。

2. 抓住细节

细节是最能打动人心的。几乎所有妈妈都希望自己的努力和微小的改变能被爸爸注意到。如果爸爸能发现妈妈的细节之处、独特之处，并给予具体的赞美，妈妈们肯定很高兴。比如，看到妈妈留给孩子的冰箱贴，可以如此赞美："你做事太细致了。"这种细节化的赞美，能让妈妈感受到爸爸的关注与用心。

3. 公开赞美

在家人或朋友面前公开赞美妈妈，能让她感受到更大的尊重与骄傲。比如，在家庭聚会上，爸爸可以说："我们家能有今天，多亏了妈妈的辛苦付出，她是我们家的核心！"

4. 小惊喜

赞美不仅可以通过语言表达，还可以通过行动传递。爸爸可以为妈妈准备一些小惊喜，比如送她一束鲜花，写一张感谢卡片，或者为她准备一顿特别的晚餐。这些小惊喜不仅能表达赞美，还能让妈妈感受到爸爸的用心与浪漫。

5. 行动支持

赞美不能只停留在口头上，还需要付诸行动。爸爸可以通过分担家务、照顾孩子等方式，用实际行动支持妈妈。比如，当妈妈忙碌时，主动承担起做饭或辅导孩子的任务，并说："你平时太辛苦了，今天我来做饭吧。"这种行动上的支持能让妈妈感受到爸爸的体贴与责任感，避免赞美变成空洞的"油嘴滑舌"。

赞美其实就是用美好编织美好，用幸福打造幸福。赞美妻子和孩子，并不只是你个人的单向付出，你向妻子和孩子释放的这些美好也终将会为你带来幸福。

教育共识：觉醒父亲的必修课题

战场上，主帅之间有分歧，战役没开始就先败了；商场上，管理者之间有分歧，品牌没立足就先垮了；家庭里，父母之间有分歧，孩子没长大就先伤了。

在很多家庭中，父母明明都想给孩子最好的教育，却因为教育理念不同而产生分歧，各执一词，在孩子面前激烈争吵。这不仅破坏了家庭的和谐氛围，也会对孩子的身心造成伤害。

情景导入

天已经很晚了，小威独自在公园里徘徊，不愿意回家。因为他的父母最近吵得越来越凶：妈妈希望小威成为一名歌手，因为她觉得小威唱歌很有天赋，家里也有条件培养小威；爸爸则认为那条路太难走，变数多，他更希望小威走一条稳妥的路，比如做网络工程师。两人争执不休，分别给小威报了不同的兴趣班，但上课时间有冲突，他们一边争执，一边拉着小威跟自己走。

八岁的小威被这阵势吓坏了，他哭着说："我哪个兴趣班都不想去。"爸爸妈妈听到这话，把火力一起转向他，虽然他们的面目柔和了许多，可话语却依然强势。妈妈说："你得听妈的，我从小一天不落地带你，最了解你。我不允许你放弃好前程。"爸爸说："你得听爸的，爸什么事没听过没见过，爸爸比妈妈更理性，我不能任由你妈妈拿你的人生开玩笑。"妈妈一听火冒三丈，将矛头转向了爸爸。小威趁机逃了出来。

专家分析

这对父母虽然是在为孩子的未来认真规划蓝图，但他们的争吵已经让孩子对未来产生了恐惧、无助和迷茫，破坏了孩子对家庭的信任和安全感。孩子越小，对父母依恋程度越高，父母的争吵对他的伤害越大，孩子往往会觉得自己是问题的根源，甚至产生自责和内疚心理。长期处于这种环境中，孩子容易变得焦虑、敏感，甚至逃避家庭。

父母的争吵还会削弱教育的权威性，两种不同的观点也会让孩子陷入两难的境地，影响孩子形成健康的心理，阻碍孩子养成良好的行为习惯。

由于孩子的心智尚未成熟，当父母陷入争吵中时，孩子还可能利用父母之间的矛盾逃避责任或制造混乱。父母的每一次争吵都是在孩子成长的道路上埋下一颗定时炸弹，会在未来的某一天给孩子带来难以预料的伤害。

父职觉醒之路

　　父母是孩子的首席塑造者，应当结成教育同盟。当父母在教育观念上出现分歧时，一定要避免在孩子面前争论。教育有分歧很正常，争吵不是唯一的解决方式，还有很多方法能帮助父母协商一致。

1.以孩子为中心

　　父母在教育问题上产生分歧时，往往忽略了最重要的因素——孩子的意愿。孩子的兴趣和天赋是教育规划的核心。因此，我们最应该做的其实是倾听孩子的声音：定期与孩子沟通，了解他们的兴趣、梦想和困惑。在合理的范围内，让孩子参与决策，培养他们的自主性和责任感。当父母以孩子的需求为中心时，许多分歧自然会消除。

2.取折中方案

　　对于不能由孩子意愿决定的教育分歧，比如是否要求孩子增加学习时间等问题，父母可以避开孩子进行协商。双方分别将自己的观点和理由写下来，明确表达自己的立场，然后针对每个观点，列出其优势和劣势。在分析的基础上，双方可以找到一个折中的方案。这种方法不仅能避免情绪化的争吵，还能让双方更理性地看待问题，找到最优解。

3.借助第三方力量

如果父母双方无法达成一致，可以寻求一个双方都信服的第三方从中协调。这个第三方可以是教育专家，可以是长辈或亲友，可以是学校老师。第三方的介入不仅能提供新的视角，还能缓解父母之间的紧张关系。

4.分阶段实施

如果父母双方始终都坚持自己的观点，而且对孩子不会产生不良影响，那么可以分阶段实施，在孩子身上找答案，看看哪种方法更适合孩子，对孩子有更好的效果。

教育是一个长期的过程，父母不必急于在短期内解决所有矛盾和分歧。采取分阶段实施双方意见的办法，能够帮助双方在实践中逐步调整和优化。这样不仅能让孩子在不同阶段接受多元化的引导，还能让父母在实践中相互学习，做出有效的改变。

5.父母也要学习与成长

父母的教育分歧有时源于理念的差异。通过学习，父母可以提升自己的教育水平，找到共同点。比如，了解最新的教育理论和实践，拓宽视野；参加学校和机构提供的家长教育课程，更好地理解孩子的成长需求；与其他家长交流，分享教育心得，借鉴成功经验。通过学习，父母可以找到更适合孩子的教育方式，减少分歧。

教育有分歧并不可怕，这是父母对孩子教育积极负责的证明，但理性处理更加重要。给孩子一个和谐、健康的成长环境，比通过争吵获得对孩子的教育决定权更有价值。

第三章

解绑父爱脚本：打破定制化思维

　　很多父亲接受的是管制式教育，因此也想当然地延续这种教育方式。他们会把自己当成权威，还会把自己的理想强加给孩子。然而，每个孩子都是独特的个体，爱他们，就要尊重他们的兴趣、选择和成长节奏，给予他们自由和支持。我们要允许孩子成为自己，甚至可以用仰视的方式，让孩子骄傲地成就自己。

从权威到伙伴：不要压制孩子的个性

长久以来，父爱几乎等于权威，爱得越深，压制和管束也就越强。这种教育方式虽然也是为了帮助孩子更好地成长，但必须按照父亲设定的方向和规则完成的成长，使成长变成了任务，使孩子成为父权下的"建设材料"。

最重要的是，在这种教育下长大的孩子往往畏惧权威，不敢轻易表达自己真实的想法，在探索世界的旅程中，他们的每一步都走得小心翼翼，生怕犯错。

情景导入

林林的爸爸性格古板，独断专行，很多事都不和妈妈商量。一天，妈妈正要带林林出门。爸爸突然通知林林："儿子，今天跟我去拜访一位贵客。"妈妈说："不行，今天开始就是青少年比赛的集训，我早就告诉过你了。"爸爸不以为意，大声说道：

"不就是训练嘛，有啥大不了，那影响不了大局，但今天要去拜访的是教育方面的老专家，会影响孩子的未来！"林林不想去，便没动地方。爸爸火了，瞪着林林。林林弱弱地问："一定要去吗？"爸爸说："我是你爸爸，你就得听我的！"林林委屈地问："为什么？"爸爸不耐烦地吼道："没有为什么！"妈妈试图进一步解释，爸爸直接指着妈妈说："你给我闭嘴，你要站在我这边。"

最后，林林还是被爸爸带去拜访老专家。到了后，林林打了招呼便不再说话，显得又呆又蔫。老专家问了几次话，林林勉强回答，这让爸爸觉得很丢人，回来后就一直骂林林。林林躲在房间里，根本不愿意出屋。

自那以后，林林做什么都提不起兴趣，还遭到了霸凌。虽然学校马上就处理了那些霸凌者，但爸爸知道后十分恼火，质问林林："为什么不反抗？"林林低着头，小声说："我不敢。"爸爸又问："为什么不告诉老师？"林林声音更小了："我怕老师。"爸爸顿时火冒三丈，劈头盖脸地骂林林，林林畏畏缩缩地抖成了一团。

专家分析

这个爸爸丝毫没有意识到，孩子的胆小懦弱，很大程度上是他的权威教育造成的。爸爸就像一条恶龙，始终盘旋在孩子的生活中，打压着孩子的自信，吞噬着孩子的快乐，孩子又如何能成长为大方、勇敢、自由的个体呢？

父亲一味地让孩子长成自己所期望的样子，或者符合未来人才市场需求的样子，必然会使孩子的思维被禁锢，想法被压抑，不敢表达与尝试，使孩子变得千篇一律，失去个性，这样的教育又何谈培养创新能力，让孩子顺应时代发展，在变局中抓住机遇呢？

父亲的角色不是权力拥有者，而是孩子成长道路上的陪伴者和引路人。只有放下权威的姿态，尊重孩子的独特性，给予他们自由探索的空间，孩子才能在信任与理解中成长为自信、独立的人。

父职觉醒之路

大多数父亲都能够意识到创新和独立思考的重要性，在具体的教育中，他们不会如案例中的父亲这样极端，比如决策专制、不容置疑、强制命令、过度批评、强调身份，但可能会有一些无意识的小错误。

这里简单介绍几种可能会对孩子成长产生负面影响的细节。

1.常打断孩子的话

有些父亲习惯以高高在上的姿态与孩子对话，打断孩子发言，输出自己更加专业的想法。这不但会使沟通不再平等，长此以往，还会让孩子害怕表达真实想法，越是面对权威，越不敢提出独特见解，更无法提升独立思考的能力。

2.过度纠正孩子的错误

谁的成长不是在犯错中一步步完成的呢？有些父亲只要看到孩子犯错，就急于指出并纠正，既不给孩子独立思考和探索的机会，也不给孩子接受挫折的机会。比如，孩子在搭建积木时尝试新的结构失败了，父亲直接告知正确搭法，使孩子更加迷信权威，凡事总想找标准答案，遵循权威的思路。

3.限制孩子自主决策

生活里很多小事，比如选择衣服、安排周末活动，父亲若总是替孩子做决定，会让孩子失去自主思考和判断的能力。孩子习惯依赖父亲决策，长大后面对人生重要选择时，就会变得犹豫不决、缺乏自信。如果出现权威说辞，他甚至不愿意思考和判断，就附庸别人的想法了。

4.过于强调权威

有些父亲经常会在家里随意提及"谁是哪个领域权威"，并表现出对权威的仰视。尤其是在涉及孩子自身利益的事情上，他们表现得畏惧权威，比如告诉孩子"凡事听老师的就对了"。这种做法会让孩子也形成畏惧权威的意识，不利于培养孩子独立思考和自主判断的能力。所谓的"听话教育"本质上就是一种权威教育，它会把所有人打造成意识统一的"纸片人"。

世界上没有绝对的权威，所有的权威都打着时代的烙印。如果孩子始终保持独立思维和超越意识，那么他们就能在未来的道路上不断突破，创造属于自己的价值。

理想投射：不要让孩子成为你梦想的牺牲品

　　有些父亲因为自己未曾实现的梦想或留下的遗憾，便将期望寄托在孩子身上，希望孩子能够替自己完成未竟的目标。这样的做法往往会给孩子带来沉重的压力，甚至剥夺了孩子追求自己理想的权利。

情景导入

　　小杰的爸爸曾经是一名国家级游泳运动员，年轻时在泳池中叱咤风云，梦想站上奥运领奖台。后来，他因为一次重伤不得不黯然退役。这件事成了他心中永远的遗憾。自从有了小杰后，爸爸把所有的希望都寄托在了小杰身上，希望小杰能完成自己未竟的梦想。

　　从小学开始，爸爸就带着小杰每天训练。但小杰对游泳毫无兴趣，他更喜欢学校里新开设的编程兴趣班。他几次央求爸爸让他学编程，都被爸爸严厉地拒绝了。渐渐地，小杰开始抗拒训练，学习成绩明显下滑。眼看小杰就要上初中了，爸爸很着急，要和他聊聊，他却总是冷冷地说："训练耽误了学习。"妈妈也很担心，和爸爸进行了一次深入的沟通。在这之后，爸爸不得不做出让步，小杰终于可以像其他同学一样学自己想学的内容。可他因为落下很多课程，常常感到焦虑，他问妈妈："未来，我要是被淘汰了怎么办？"妈妈要安慰很久，他才能平复下来。

🦜 专家分析

　　爸爸将自己未完成的梦想强加给孩子，往往会带来诸多不良后果。从心理层面来说，孩子会因承载父亲过高期望，感到压力剧增，容易出现焦虑、抑郁等问题，还可能因目标非己所愿，陷入自我否定，就像案例中的小杰那样。

　　在亲子关系与个人发展上，这样做会引发孩子的抵触情绪，导致亲子关系紧张，使亲子之间产生情感隔阂。同时，孩子因缺乏内在动力而难以坚持，创新能力发展受限，即便达成目标，未来职业发展也易陷入迷茫，难以收获成就感。

　　我们和孩子站在时代长河的不同阶段，我们和孩子成长在不同的社会环境中，我们和孩子有着不一样的天赋才能，我们和孩子有着不一样的兴趣爱好，若将我们自己的理想目标移植到孩子身上，就相当于用一个圆木塞去盖一个方形孔，根本就是乱弹琴，不合时宜。

父职觉醒之路

很多父亲希望用自己的经验和智慧为孩子铺路，却忽略了孩子才是自己人生的主角。如果我们真心希望帮助孩子健康成长，可以借鉴下面的方法。

1.设定边界

生活中，很多父母都混淆了"关心"和"控制"的界限，认为"我是为你好"就足以合理化所有干预。然而，若想让孩子健康成长，与孩子建立健康的亲子关系，父亲就需要设定清晰的边界。

首先，在安全范围内，父亲要允许孩子试错。比如，孩子想尝试一项新技能，即使父亲认为这"没用"或"浪费时间"，但是只要不涉及危险，就该支持他去体验。

其次，在原则性问题上，父亲可以表现得坚定但不过于强势。比如，涉及道德、健康等底线问题时，必须明确规则；但在个人兴趣、职业选择等非核心问题上，应给予孩子充分的自由。

2.引导而非主导

父亲是引导者，而不是指挥者。在孩子的成长过程中，父亲可以通过以下方式提供支持：

第一，提供信息。

由于父亲的眼界更开阔，社会经验更丰富，信息资源更充足，父亲可以帮助孩子了解不同选择的利弊，让孩子对某个领域有更全面的认识。

第二，分享经验。

父亲可以用自己的经历启发孩子，但不要把自己的观点强加给孩子。比如，父亲可以分享自己年轻时如何做出选择，而不是直接告诉孩子该怎么做，避免孩子出现逆反心理，得不偿失。

第三，鼓励尝试。

尽量不要过早地给孩子的人生做出具体的设定，每个人都有无限种发展的可能，父亲要允许孩子喜新厌旧，不断挖掘自己的兴趣和潜力。即使孩子失败了，父亲也要鼓励他从中学习，而不是批评和打击他。

3.共同探索

父亲可以与孩子一起探索未知领域，这不仅能让孩子发现自己的热爱所在，让父亲更了解孩子，可能还会让父亲也发展出新的兴趣爱好。父亲的人生虽然已经过了青春时代，但未来依然有无限可能，为什么不发展自己的新理想呢？

教育是父亲的义务，而不是工具。作为父亲，我们不应该让孩子完成我们的理想，而应该让孩子顺应时代，构筑属于自己的梦想，在新的世界里长出新的翅膀。

威胁式父爱：不要用你的爱勒索孩子

不懂教育的父亲明明深爱孩子，可让孩子感受到的却是爱的缺失和恐惧。

"你要不做完这些，爸爸就不爱你了"，这样的话对很多父亲都不陌生，甚至是一些父亲的口头禅。他们可能为了培养孩子养成某个习惯，为了帮助孩子纠正一些错误，为了孩子能够变得更加优秀，就用爱胁迫孩子完成。

还有少数父亲把爱当成条件，向孩子进行索取，他们会把"我为你付出这么多，你却连这点事都做不好"作为教育狠招，希望孩子能给自己带来荣耀，能按照自己的意愿做事。

用爱威胁孩子，看似是最有效的教育方法，通常能让孩子乖乖听话，但殊不知，这样的教育方式却会在孩子心里留下挥之不去的阴影。

情景导入

浩浩爸爸很爱孩子，但他更看重孩子的表现，每当浩浩表现好时，他就高兴，愿意带着浩浩一起出去玩。反之，他就变得冷淡。

浩浩很小就喜欢绘画，爸爸每周都会带他去上绘画兴趣班。一次，学校举办绘画比赛，浩浩兴致勃勃地交了作品。爸爸看到浩浩很自信，就说："你若拿个大奖，我就带你去迪士尼游乐园。"公布成绩时，浩浩得了优秀奖。爸爸得知后，脸色瞬间阴沉下来，他说："一个优秀奖有什么好高兴的？亏我那么疼你，不管刮风下雨都陪你去上兴趣班，你就得了优秀奖？算了，别去游乐园了，好好反省下吧。"浩浩失落极了。

上三年级后，浩浩感觉很长时间都没有看到爸爸的笑脸，也很久没和爸爸一起出去玩了。期末考试，浩浩数学考了98分，他兴奋地拿给爸爸看。爸爸果然笑了，还亲了浩浩，可听说有人考了满分时，他的笑容又消失了。

从那之后，浩浩越来越努力，也越来越不自信，不管做什么事都小心翼翼，总担心自己做不好。他不再像以前那样热爱画画，也不敢参加活动。有一天，学校组织演讲比赛，老师鼓励浩浩参加。浩浩犹豫了很久，还是拒绝了。他说："我不行的。如果我做不好，我爸爸就更讨厌我了。"

父亲若以爱为条件威胁孩子，会有以下两种弊端。

1.让孩子产生不安全感

孩子会误以为爱是需要通过表现争取的。这种误解会让孩子产生不安全感，甚至认为"只有我做得够好，才值得被爱"。为此，孩子会时刻担忧自己的行为有可能导致失去父爱，内心充满不安。久而久之，孩子很可能会变成讨好型人格，失去自我价值感，还会变得胆小怯懦、患得患失，甚至在面对新事物时，因害怕犯错失去爱而不敢尝试，这将阻碍孩子探索世界与自我成长。

2.形成错误的价值观

在成人的世界里，我们常常认为要获得回报，就必须先付出代价。比如，要获得老板的赏识，我们得先出色地完成工作；要维持婚姻的长久稳定，我们得具备足够的经济条件和能力。当这种"付出—回报"的交易关系充斥生活时，我们便容易在其中迷失，渐渐忘却那种纯粹、本能的爱与温暖，甚至不自觉地用爱向孩子索取。

但孩子不一样，孩子是一张未涉世事的白纸，如果我们为孩子勾勒的爱是有条件的，并塑造了交易的模式，那么孩子就会在成长的最初阶段被灌输利益交换的观念，从而失去对世界的纯粹感知和对人性的信任。他们可能会变得功利，难以体会到无私的爱与纯粹的善良。

孩子的成长的确需要一些修修剪剪，但教育的底色是爱。不管孩子做得怎样，哪怕他犯错误，我们对他的爱都不该少。

父职觉醒之路

为避免让孩子对爱产生误解，父亲要避免以下一些错误做法。

1.错误的言辞

很多父母经常会说这样的话：

"你不听话，我就不爱你了。"

"我这么爱你，你怎么能让我失望呢？"

"你不努力，对得起我的付出吗？"

"我给你做了那么多，你就给我考这么点分？"

"我为你操碎了心，你怎么和别人差那么多！"

类似言辞都在表达爱是有条件的，这会让孩子感到有压力，产生内疚和不安全感，让孩子错误地认知爱。

2.错误的行为

有些父母为了让孩子听话，常常向孩子细数自己的付出，有意无意地让孩子产生内疚感。紧接着，他们便抛出交易条件，要求孩子必须完全按照自己的要求完成任务，全然不顾这些任务是否合理且正当。一旦孩子表现不如父母的意，父母要么痛哭流涕，以情感攻势让孩子心生愧疚；要么冷暴力对待，对孩子不理不睬；甚至以断零花钱相威胁，逼迫孩子就范。

孩子年幼时可能会暂时服从父母的要求，但随着逐渐长大，他们会意识到这种爱的条件性，从而对父母的爱产生怀疑。这种怀疑会导致亲子关系的疏离，孩子可能会对父母越来越冷漠，甚至产生怨恨。

真正的爱是维护孩子，而不是控制他，一旦爱有了控制感，孩子就会感到压抑，甚至产生逆反心理，不利于孩子的成长。

给孩子无条件的爱，他们才能健康、自信地成长，成为独立而有力量的个体。正如一句话所说：爱是让孩子飞得更高的风，而不是拴住他们的绳。

俯仰视角：父亲与孩子的平等对话

不管自己成就如何，在孩子面前，父亲通常都会被仰视。

孩子幼时，父亲是高大强悍的，能稳稳地将孩子扛在肩头，走过大街小巷；父亲是无所不能的，能轻松换灯泡、修理玩具，即使面对孩子突发的各种状况，也总能巧妙化解；父亲是温暖可靠的，用宽厚怀抱给予孩子满满的安全感。

随着孩子逐渐长大，我们会发现他们身上出现许多令人震惊的变化。比如，身高迅速蹿升，接触的信息量大增，玩电子产品的能力很强，对互联网的认知也远超父母预期……我们一直想要教导孩子成长，却惊讶地发现孩子的成长给我们带来了意想不到的可能。

情景导入

　　然然爸爸是漫画家，她从小就很敬佩爸爸，常对爸爸说"您真厉害，我好佩服您"。爸爸呢，也喜欢对然然说"然然也厉害啊，我也佩服你"。他总会在然然表现突出的时候对然然说"那么小就比爸爸还细心""太有爱心了""你这么懂事都让爸爸感觉羞愧了"……爸爸的每一次称赞，都让然然很高兴。

一天，然然邀请爸爸参加校园艺术节，因为她担任主持人。爸爸高兴地应邀而去，让他没想到的是，然然的台风稳健，主持流畅自然，让爸爸感到非常自豪。

观看表演期间，爸爸听到有人说"×××受伤了"有些担心，就去了后台。后台一片忙乱，老师说："这个节目表演不了了，得想办法。"然然镇定地说："老师，学校舞蹈班一直在排练《春之舞》，我觉得现在可以顶上。"老师同意后，然然迅速安排主舞找服装和组织表演，并调整节目顺序。爸爸惊讶于然然的能干和镇定。安排妥当后，然然还为受伤的小演员争取了在大屏幕上展示练习画面的机会，最后安慰了小演员。

演出圆满结束，回家的路上，爸爸摸着然然的头说："爸爸一直以为你只是小孩子，今天才发现，你已经长大了。你真让我刮目相看。"然然说："我还得感谢爸爸，因为爸爸一直都觉得我好，所以我就真的越来越好啊。"

专家分析

很多父亲习惯了被孩子仰视，便容易沉醉在这份成就感里。我们忘了时间对我们的摧残，忘了社会对我们的雕塑，更忘了岁月对孩子的滋养，忘了成长对孩子的恩赐。随着孩子一天天长大，他们的视野逐渐开阔，思想逐渐独立，开始有了自己的判断和选择，也有了自己的小成就和小满足。他们不再满足于仰视父亲，而是渴望被平等对待，被尊重和理解。

真正的父爱应该随着孩子的成长而调整方式，能从超人转变为伙伴，愿意从平视转为仰视。我们可以向孩子发出赞美、赞叹、钦佩，看见他在挫折中顽强站起的坚忍，认可他独立思考时闪现的智慧，为他在逐梦路上的每一次勇敢尝试鼓掌，用欣赏助力他奔赴更广阔的人生。

父母的仰视能让孩子感受到自己的价值，从而增强自信心。仰视孩子意味着尊重他们的独立人格。这种尊重能帮助孩子形成健康的自我认知，学会独立思考，做出正确的选择。当孩子感受到父母的尊重和肯定时，他们会更愿意尝试新事物，挖掘自己的潜能。

父职觉醒之路

当然，父亲在仰视孩子时，也要注意一些细节。

1.善于发现

孩子的成长一天一个样，我们要学会做细心的父母，善于发现孩子的优势、长处。

比如，在学业方面，每个孩子都有独特的学习方式和天赋。有的孩子逻辑思维强，解题时条理清晰；有的孩子想象力丰富，在作文中常有惊人妙语；有的孩子记忆力出众，能快速掌握知识点。哪怕是细微的闪光点，哪怕是小小的进步，作为父亲，能给予孩子真诚的肯定，对孩子建立自信心都是非常重要的。

当然，父亲不能只关注孩子的学业，还要关注才艺与兴趣方面，比如表达能力、艺术欣赏能力、审美能力、音乐才华、运动能力等。即使孩子的兴趣与父亲的期望不符，父亲也要给予孩子支持和鼓励。

同时，父亲还要关注个人品质与能力方面，比如有些孩子坚忍不拔，遇到困难不轻言放弃；有的孩子诚实守信，说到做到，这些都值得父亲钦佩和赞叹。

此外，还有些孩子在创新与实践方面更出色，比如有的孩子喜欢动手制作，有的孩子善于解决问题，有的孩子敢于尝试新事物，这些同样值得父亲为其鼓掌。

2.真诚表达

很多父亲不是不愿意赞美孩子，而是不知道如何赞美孩子。其实很简单，可以注意以下几个细节。

第一，表达肯定要具体。

对孩子的肯定要具体，不能泛泛而谈。比如，与其说"你真棒"，不如说"你在舞台上从容不迫的样子，让爸爸很佩服"。这种具体的肯定能让孩子清楚地知道自己的长处在哪里。

第二，不要用比较的方式肯定。

有的父亲会说："你做得真好，比谁家的小谁做得好多了。"这种肯定虽然能够激励孩子，但会让孩子生出比较之心，不利于孩子的成长。

第三，情感化表达。

在肯定孩子时，要融入真实的情感，这样不但能让孩子感到被仰视，心生自豪，也能让孩子感受到父亲的真诚，有助于维护亲子关系。

第四，公开化认可。

在适当的场合公开肯定孩子，能增强他们的自信心。比如，在家庭聚会上说："我们家孩子最近在学校的表现特别棒，尤其是在艺术节上，她的应变能力让所有人都佩服。"这种公开的认可能让孩子有更强的自信。

3.避免骄傲

很多父亲不愿意夸赞孩子，哪怕真心佩服孩子某些方面的表现，也不会表达出来，尤其不会让孩子知道。这是因为他们害怕孩子骄傲。为了避免孩子骄傲，我们在表达的时候可以适当加入感恩和反思的内容。

比如，针对案例，父亲可以这样表达，如"你在艺术节上的表现真的很棒，但也要记住，成功离不开团队的支持和老师的指导""你觉得这次表演还有哪些地方可以改进"等，让孩子不要过度沉浸在成就中。

学会仰视孩子，并不是要求父亲们要一直维持这种教育姿态，而是要提醒父亲们学会抬头看孩子，发现孩子的优点，挖掘孩子的特长，用正向肯定的方式给予孩子能量滋养。

社交边界：孩子有自己的社交节奏

　　成人的世界普遍存在一种观念：人脉是成功的关键。因此很多父母非常注重培养孩子的社交能力，热衷于带孩子参加各种社交活动，不管是聚会还是兴趣班，都希望孩子能在其中广交朋友，锻炼社交能力。

　　遇到内向的孩子，家长们往往感到头疼，会想方设法加大孩子的社交锻炼力度，可这样做却让孩子痛苦不堪，且对孩子的成长并无助益。

情景导入

　　小宁是个安静的孩子，最喜欢一个人躲在房间里读书，摆弄玩具。小宁的爸爸是个金牌销售，喜欢交际，也善于交际。他经常对小宁说："你是个男孩，将来要更多社交，人脉对你很重要。"小宁不懂，也不喜欢这套话。爸爸却常常将他带到人群中去锻炼，哪怕家里来客人，也一定要把小宁从房间里拽出来，陪客人聊天。小宁有时候会显得局促，爸爸怀疑小宁有社交障碍，带他去医院检查，医生说一切正常。爸爸不死心，又给小宁报了语言培训班，希望他提高语言交际能力，但小宁并未有所改变。

某个周末，爸爸出差回来。刚进门，他就听见客厅里传来儿子兴奋的声音："你看，这个齿轮组的设计多巧妙！未来的机器人一定会用到这种传动系统……"爸爸悄悄走进去，看到小宁正和一个男孩聊得热火朝天。他发现儿子居然十分健谈，说话条理清晰，表达幽默顺畅，眼睛里还闪着光。但是在看到爸爸后，小宁一下子卡壳了，忙拉着那个孩子走进书房，不一会儿，里面又传出了他们的笑声。

爸爸明白了，小宁不是不善于社交，而是不喜欢被迫社交。

专家分析

并不是所有孩子都需要频繁地开展社交活动，也不是所有社交活动对孩子的社交能力培养都有意义。每个孩子都有自己的性格和兴趣，有些孩子并不喜欢频繁的社交活动，而更倾向于独处，常常沉浸在自己的世界里。这并不意味着他们无法适应社会，只是他们的社交方式和需求与外向的孩子不同。

有些孩子或许更适合小范围深度交流，而不适合热闹繁杂的大型社交。强行要求内向的孩子参与社交，不仅徒劳无功，还可能让孩子非常抗拒并感到痛苦，甚至可能会使孩子降低自我认同感，导致自卑、恐惧社交等负面心理。

　　父亲应该做的是理解并尊重孩子的个性，给予他们独处的空间，要知道，许多伟大的思想家、艺术家都是内向者，正是独处的时光让他们创造了改变世界的作品。

父职觉醒之路

　　孩子不可能永远独处，他们也需要社交，但孩子有自己的社交模式和节奏，不要强迫孩子按照父亲的期望进行社交。所以，我们要依顺孩子的个性和意愿，循序渐进地引导孩子。

1.了解孩子需求

　　内向的孩子能量获取方式与外向孩子不同，他们在社交中更易消耗精力，且倾向于深度、有意义的交流。父亲不能一概而论地用外向孩子的社交模式要求他们。比如在活动前，可以真诚地询问孩子："宝贝，周末有个小朋友的聚会，你要是想去，我们就去；要是不想去，我们就在家做你喜欢的手工。"父亲要让孩子感受到自己的意愿被尊重，从而建立起对社交的积极态度。

2.选择合适的社交场景

　　首先，安静、熟悉的环境能让内向孩子感到安心，缓解社交压力。比如，家里就是很好的社交起点，可以邀请一两个孩子熟悉的小伙伴来家里玩，让孩子在自己的"领地"更自在地与小伙伴开展互动。

其次，结合孩子的兴趣，选择场景也很关键，比如孩子热爱阅读，就带他参加图书馆的小型读书分享会，因为有共同兴趣，孩子更容易打开话匣子，与他人交流想法。

3.父亲的示范和引导

孩子的很多社交行为都是从模仿父母开始的。在社交场合，父亲要展示出良好的社交礼仪和沟通技巧。比如在小区里遇到邻居，主动微笑打招呼，交谈时专注倾听，不随意打断。孩子看到父亲积极友好的社交方式，会在潜移默化中受到影响，更愿意尝试模仿。

4.鼓励孩子表达

交流在社交中至关重要，父亲要鼓励内向孩子勇敢表达自己的想法和感受。社交前后，给孩子创造轻松的交流氛围，可以问问孩子："今天和小朋友一起玩，有没有什么特别的事情想和爸爸分享呀？"无论孩子说什么，都要给予积极回应，增强孩子表达的自信。

5.设定小目标与奖励

为孩子设定可实现的小目标，帮助他们逐步建立社交自信。比如，这周的目标是主动对幼儿园的一个新同学说"早上好"。当孩子完成目标时，父亲要及时给予奖励，可以是孩子心仪的小贴纸或者一次去公园的机会。奖励能强化孩子的积极社交行为，让他们更愿意迈出社交的步伐。

真正的爱，是接纳孩子的本来面目，而不是强行改变他们的天性。当我们学会欣赏内向孩子的独特魅力时，就会发现安静也是一种力量，独处也是一种智慧。

就算带孩子进入社交场景，也要尊重孩子的独特性，以兴趣为导向，让孩子逐渐发现社交的乐趣，找到适合自己的步调。每个孩子都有自己的成长节奏，父亲的陪伴与理解是他们勇敢探索世界的底气。

第四章

父职新形象：
打破刻板印象的能量释放

在传统观念下，我们常把父亲塑造成沉稳严肃的刻板形象。但是，孩子成长需要多元滋养，如果父亲被这固有观念束缚，难以尽情表达爱，就会限制能量释放，可能会错过许多与孩子亲密互动的瞬间，也会阻碍孩子全方位感受父爱。

琐碎日常：父爱也可以很生活

在传统观念中，父亲被塑造成家庭的"顶梁柱"，主要负责赚钱养家，而孩子的日常照料则被认为是母亲的职责。尤其是在儿女的成长过程中，父亲的角色常常被边缘化，游离于教育之外，甚至有些父亲认为关怀儿女也是"母亲的事"。

其实，父亲也可以很生活、很柔软。比如，清晨给孩子准备营养早餐，孩子生病时守在床边，闲暇时陪孩子一起整理书架……这些琐碎的生活小事，母亲能做好，父亲也同样能做好。

情景导入

这个假期，雯雯一家要和舅舅一家去新疆旅游，他们预订了民宿，要在那里住一段时间。新疆不仅风光美，时光也慢。妈妈很喜欢新疆的生活，总是拉着舅妈漫无目的地四处闲走，走着走着就忘了时间，自然也就忘了做饭带孩子。这可苦了舅舅，他既不会做饭，也不会带孩子。

一天，雯雯刚起床，舅舅就穿着扣错了扣子的衣服，拉着哭哭啼啼的小表妹湘湘走进来。当舅舅看到爸爸手指灵活地给雯雯梳头发的时候，惊讶极了，问道："你还会梳头？"没等爸爸回答，他又瞪大了眼睛："你还会梳花样？"爸爸不禁笑了："这有什么难的？你这是怎么了？"舅舅说："别提了，湘湘妈妈不知道又跑哪里去了，孩子饿了都不管，真是越来越不像话了。"雯雯说："舅舅，那你不会给湘湘做点饭吃吗？"舅舅说："我哪里会做饭？我生来就不是做饭的人。"雯雯问："谁生来就是做饭的？你看我爸就是学的。一会儿我教你炒鸡蛋，你先给湘湘梳头吧。"

舅舅有些尴尬，也有些恼火，但面对可爱的小外甥女，他又没法说什么。雯雯不停催促舅舅给湘湘梳头，舅舅只得拿起梳子，勉强给湘湘扎好了头发。湘湘照着镜子，笑起来："爸爸梳的头发虽然乱，但也挺好看！"

专家分析

BBC的纪录片《父亲的生物学意义》中提到：父亲在孩子出生时会分泌催产素，并且在照顾孩子的过程中，爱意越多的父亲体内的催产素水平越高。也就是说，父亲也可以像母亲那样，给予孩子温柔细腻的照顾，全面关注孩子的生活点滴，照顾孩子身体和心理的方方面面。

如果父亲能早早履行父职，在孩子襁褓期就主动承担起照顾责任，比如常抱孩子、喂奶、换尿布等，这种"妈妈式"的生活照顾，不仅能让孩子早早感受到爸爸的温柔与细腻，从而更信任爸爸，还能为孩子树立一个温暖、负责任的男性榜样。如果是男孩，他们会以父亲为榜样，在未来组建家庭时给予家人高质量的陪伴与关爱；如果是女孩，她们则会以父亲为参照，寻找真正有责任感且温暖的好伴侣。

在照顾孩子的过程中，父亲体内的催产素水平会升高，这会强化他们的父性本能，使他们变得更加耐心和细心。他们会逐渐学会从孩子的视角看待世界，掌握更多高效的育儿技巧，为孩子的成长创造有利条件。这不仅能增强孩子的安全感，还能为他们的成长提供有力支持。

父职觉醒之路

很多父亲为了家庭而忙碌奔波，却在忙碌中忽略了家庭，牺牲了与家人相处的时光，尤其是与孩子共同成长的机会。我们总是希望家庭能成为我们最温馨的港湾，其实我们也应该给予家庭温馨和温暖。

在日常生活中，父亲可以尝试做以下一些事情。

1.温柔照顾孩子

轻声哄孩子、抱孩子、抚摸孩子，这些简单的举动却有着不平凡的意义。有些孩子在胎儿时期就熟悉父亲的声音，当父亲的声音响起，他们会立刻感受到安全。这种安全感是父亲给予孩子的第一份礼物，也是孩子成长中不可或缺的基石。父亲的怀抱温暖而有力，每一次的拥抱都是对孩子无声的呵护。

无论是孩子哭闹时轻声安抚，还是睡前温柔地讲故事，父亲的声音和触摸都能让孩子感受到爱与关怀，建立起对世界的信任。

2.耐心护孩子

当孩子犯错或遇到挫折时，父亲的耐心对孩子非常重要。比如，当孩子学走路跌倒时，父亲可以蹲下来，耐心地鼓励孩子站起来；当孩子做作业遇到困难时，父亲可以耐心地引导孩子找到答案。

父亲的耐心不仅能帮助孩子克服困难，还能教会他们面对生活中的挑战。这种耐心的陪伴会让孩子感受到父亲的支持与信任，从而更加自信地成长。

3.专心陪孩子

专心陪伴是父亲给予孩子最珍贵的礼物之一。无论是陪孩子搭积木、画画，还是一起踢球、散步，父亲的专注都能让孩子感受到被重视。

在陪伴的过程中，父亲可以放下手机，全身心地投入与孩子的互动中。这种高质量的陪伴不仅能增进父子感情，还能帮助孩子培养专注力和创造力。专心的陪伴是父亲对孩子最直接的爱的表达。

4.细心养孩子

在孩子成长过程中，吃穿住行等琐事看似平凡，却是孩子健康成长的关键，影响孩子的身体发育、习惯养成和心理状态。

做这些事时，父亲需要付出更多的细心和耐心。不管是学习营养搭配知识，还是营造安静舒适的睡眠环境，或者是关注孩子的日常卫生，父亲们做得越多，就越能体会母亲的辛苦，也就越有感恩心理。

当父亲也沉浸在生活中，在日常的细微之处感知孩子时，他对孩子的成长会更敬畏，对教育孩子也更有责任感，对妻子有更深切的理解与感激。在见证孩子成长的点滴里，父亲也会形成更睿智宽容的生活态度；在辛苦付出的同时，他还能成就幸福的自己。

情感流动：流泪也能传递正能量

"男儿有泪不轻弹"，这句话不知道限定了多少男性的自我表达，限定了多少父亲的情感释放。在很多父亲的潜意识里，他们认定自己必须时刻保持强大和冷静，因为他们是家里的主心骨和顶梁柱。

可是，父亲也有情感，更有脆弱的时刻。那么，父亲在孩子面前流泪，难道会让孩子也变得脆弱不堪吗？

情景导入

　　锐锐的爸爸是个不苟言笑的人，他从不轻易流露情绪，甚至在锐锐哭的时候，他还会严厉地说："男子汉不能哭，擦干眼泪！"锐锐很崇拜爸爸，觉得他很可靠，但也很怕爸爸，觉得他难以亲近。

　　一天，爸爸下班回家后，整晚都在阳台上抽烟，眉头紧锁。锐锐感觉整个房间里都显得压抑、阴沉，他乖乖地走进自己房间里写作业，生怕做错什么惹怒爸爸。晚上，锐锐早早就睡下了，半夜，他听见客厅里似乎有人在哭。他忙打开门，却看见爸爸正在擦眼睛，妈妈也在抽泣。锐锐不知道怎么了，走过去问道："妈妈，你们哭啥？"爸爸见锐锐出来了，吓了一跳，赶忙擦眼睛，并且严肃地让锐锐回去睡觉。妈妈却阻止了爸爸，并且拉住锐锐的手，把伤心事告诉了他。原来，爸爸的战友在救灾中牺牲了，只留下一个老母亲在农村生活，爸爸很难过，和妈妈商量是否可以赡养战友的母亲。锐锐一听，说："爸爸，我愿意和你们一起赡养奶奶。"爸爸的眼泪再也止不住了，他搂住锐锐，说："我的好儿子。"锐锐见爸爸哭了，也哭起来，但他还是问道："爸爸，你不是说男儿有泪不轻弹吗？"妈妈笑着说："轻弹说明很柔软。"

🖐 专家分析

　　父亲在孩子面前哭，光凭这一个画面，似乎很难向孩子传递正面力量，甚至可能会给孩子造成心理冲击。但其实这里说的是正确而适当的情感表达。

　　从情感教育角度来看，父亲在孩子面前哭是一种情感的真实流露。在成长过程中，孩子需要认识到情感是多元且复杂的，并非只有快乐和坚强才是被允许的。当父亲在孩子面前适度表达自己的悲伤、难过等情绪时，能让孩子学会接纳不同情感，培养他们的同理心。比如，当家庭面临经济困境时，父亲坦诚地向孩子表达自己的焦虑，孩子能从中理解父亲的不易，学会关心他人、分担责任，而不是在故作坚强的表象下，对家庭的真实状况毫无感知。

从亲子关系层面来说，父亲的眼泪有时能成为拉近亲子距离的桥梁。一直保持强硬形象的父亲，可能会让孩子心生敬畏，不敢亲近。若父亲在孩子面前因为感动或愧疚而落泪，就能让孩子看到父亲柔软的一面，感受到父亲的真实情感。比如，孩子在重要比赛中取得优异成绩，父亲激动落泪，这会让孩子深刻体会到父亲对自己的期待，增进亲子间的情感连接。

父职觉醒之路

在孩子成长过程中，正确的情感表达对孩子的身心健康和性格塑造意义重大。那么，父亲该如何在孩子面前进行正确的情感表达呢？

1.表达比皱眉、冷漠更好

有的父亲出现难过、沮丧、委屈等不良情绪时，不敢向孩子展示，却会紧紧皱着眉头、长吁短叹、抽烟、冷脸。这对孩子来说更加恐怖，因为孩子不知道发生了什么，只感觉家庭氛围压抑，时刻担心父亲发脾气。

此时，父亲应该坦诚地向孩子表达自己当下的情绪，并告诉孩子如何对待有情绪的人会更好。比如，可以这样说："爸爸今天在工作上遇到了难题，心里有些烦躁，你拥抱一下爸爸，爸爸就会获得能量了。"这样做既让父亲得到了力量，也让孩子避免了无端猜测和恐惧。

2.排解负面情绪

父亲如果长期处于坏情绪中，不但会破坏家的良好氛围，还会影响孩子的心理健康和性格发展。孩子可能会变得胆小怯懦、敏感自卑，甚至在长大后也难以摆脱这种阴影。

所以，父亲要有调整情绪的方法，比如通过运动、听音乐、找朋友倾诉等方式排解负面情绪，尽量多以正面情绪面对孩子，为孩子营造温暖、积极的家庭氛围。

3.多表达感动、感恩等柔软的情绪

比如，当孩子在学业、比赛等方面取得重大成就时，父亲因为感动和骄傲而哭；回顾往事时，父亲因为一些艰难或难忘的记忆而哭；孩子犯了严重的错误，父亲因为痛心和担忧而哭……这些情绪表达都是温柔、温暖的，都能使孩子体会到父亲的爱与艰辛，并不愿意辜负父亲的爱。

这种情绪表达有时候比说教对孩子更有用。当然，我们不能因此就故意用情感辖制孩子，否则就成了以爱之名绑架孩子。

4.适当表达脆弱

当感受到孩子的力量时，父亲可以适当表达脆弱。比如，在家庭遇到困难时，爸爸可以适当表达脆弱，请孩子帮忙承担起一些责任，比如帮忙照顾家人、处理家务等。这对孩子来说是一种正向教育，对孩子的成长具有促进作用。

但要注意，在表达脆弱后，父亲要和孩子一起探讨如何面对困难，展现出积极应对的态度，避免给孩子留下消极的印象。

情感表达通常是父亲的短板，他们不会像母亲那样温暖而又强悍、柔弱又有力。其实，适当表达不但能帮助父亲们舒缓情绪积压，也能让孩子感受到父亲的真实与爱，促进父子关系亲密和谐。

细碎教导：威严与温情的平衡法则

很多父亲都认为自己是教育掌舵人，是大事制定者，是大局布局家。他们只关注"教育大事"，比如孩子的学习成绩、未来发展。他们是决策者，而其他琐碎的小事都该由母亲教导。如果父亲也做些琐碎的教导，不但会抢了母亲的角色，还会在孩子面前丧失威严感。

其实这是传统教育的刻板认知，是在为父亲缺席找借口。那些喜欢用细碎的教导关注孩子的父亲，并不会丧失威严感。

情景导入

小雅很爱爸爸，因为爸爸很有趣，但有时又很讨厌爸爸，因为他常常揪住一件小事不放。比如，只要是爸爸接她放学，一定会询问的一个问题就是当天的课程，小雅根本没法敷衍，因为爸爸知道她当天语文学什么、数学学哪里、英语学第几课。这时候，小雅就会觉得爸爸好烦。

而且，爸爸特别喜欢就小事展开教导。比如，小雅去小区沙坑里玩回来，爸爸会问"鞋子里有没有沙子，有沙子要倒出来"。然后，爸爸就开始论说起来："高山好翻，小沙子却迈不过去。因为它会粘在你的脚底，磨破你的脚，让你寸步难行。"道理是很有意思，但说多了，小雅还是觉得烦。

一天，小区里一个孩子带着一群小伙伴筹划做一件"大事"，背着大人去山里探险，结果遭遇了大雨。等到大人们找到孩子们时，有的孩子受了伤，有的孩子受到了严重惊吓。小雅本来也想参加探险，但她怕挨爸爸训就临时退出了。当她看到邻居孩子住院时，非常受震撼。这时，爸爸又开始教导起来："小孩子可以登高望远，但一定得有安全意识……"这一次，小雅没有不耐烦，而是乖乖地点点头，轻声说："爸爸，我知道了。"因为小雅明白爸爸的教导是对自己的保护和爱。

专家分析

这位爸爸这些细碎的教导，是用经验为孩子筑起了安全防线。

对孩子来说，父亲的威严并不只是高高在上的命令与决策，而源于他的可靠、责任感和智慧。它体现在孩子迷茫时，父亲用阅历给出的坚定指引；体现在孩子犯错时，父亲严肃又不失关爱的指正；也体现在面对困难时，父亲展现出的沉稳与担当。威严不仅是关键时刻的坚定支持，更是日常生活中的细致关怀和以身作则的榜样力量。

细碎但又正确、及时的教导，不但不会让父亲失去威严感，反而会让孩子感到安全、信任和尊重。对于处于叛逆期的孩子，父亲的过多指教也许会让他产生厌烦，但孩子依然能看懂父亲对自己的关注与呵护，并愿意依赖父亲、尊重父亲。

父职觉醒之路

当然，细碎的教导并不意味着无休止的唠叨。为了避免让孩子感到厌烦或抵触，父亲在教导时需要注意以下几点：

1.避免重复说规则

细碎的教导可以是关注细节，但不能是反复唠叨。有些父亲喜欢反复强调规则，却忽略了让孩子真正理解规则的重要性。结果，父亲越是重复，孩子越是对这些规则无感，甚至产生抵触情绪。因此，父亲不得不不断重复，孩子则不断犯错，最终陷入一种无效的死循环之中。

针对这种情况，父亲可以通过让孩子体验的方式让孩子意识到问题，形成自我改正的内驱力。比如，爸爸嘱咐孩子从沙坑出来后先倒掉鞋子里的沙子，但孩子不去做。父亲不必重复说教，当孩子感到沙子磨脚时，他就会主动修正自己的行为。

2.避免说"教你不听，吃亏了吧"

很多父亲在孩子被生活教育了之后，常会说："你看，让你不听爸爸的话，现在吃亏了吧？"这话隐含着幸灾乐祸的意味，对于处于逆反期的孩子并不友好。很多孩子会因为这话和父亲赌气，宁肯吃亏也不听爸爸的话，用惩罚自己的方式惩罚父亲。因此，尽量避免说这样的话。

3.不要过于严厉

父亲在教导孩子时，语气和态度非常重要。过于严厉或命令式的口吻同样会让孩子产生畏惧或者逆反心理。对孩子来说，他们有时候听的不是理，而是情感。让他们感觉舒服的话，他们会听，否则，他们即使知道是对的，也会选择不听。

4.多做少说

以身作则，比说教对孩子的教育影响更好。如果父亲要求孩子见人打招呼，自己要先做到；如果父亲希望孩子遵守交通规则，自己要先严格遵守。当孩子看到父亲的做法得到正向反馈时，他就会信赖父亲、崇敬父亲，并愿意主动效仿父亲。

孩子们讨厌的不是父亲细碎的教导，而是无意义的重复。那些真正关注孩子日常点滴，并能睿智地输出正确观点的父亲，不但不会让孩子感到厌烦，反而会赢得孩子的尊重和信任。

道歉的力量：父亲品格的觉醒示范

许多父亲将"面子"看得很重，总觉得自己是一家之主，是孩子的榜样，他们自认为永远是正确的，不可能错，就算是错了，也是对的，让他们说"我错了"这三个字简直难如登天。在他们心中，低头道歉是示弱，是对自我的羞辱和否定，为此，他们会沉默到底、强硬到底。

不认错，难道就能保住一家之主的尊严吗？认错了，难道就不能得到孩子的信赖吗？

情景导入

早晨，爸爸发现钱包里少了200元钱。他立刻怀疑是儿子小硕偷拿了。小硕正在收拾书包，忙说没有。但是，爸爸坚持认为是小硕偷拿的，生气说道："撒谎！你才多大啊，就有了偷东西的毛病，这长大了还了得吗？"小硕感到十分委屈，大哭起来。

由于早晨时间很紧张，妈妈连拉带劝，让爸爸去上班，她去送小硕。一路上，小硕一直抽泣不止，十分委屈。

晚上，妈妈在沙发上休息时，感觉沙发缝里有东西，伸手进去居然掏出了两张钞票。她恍然大悟：小硕真的没有拿爸爸的钱。爸爸回家后，妈妈让他给小硕道歉，爸爸虽然觉得惭愧，但还是说："我给孩子道歉？算了吧。"妈妈严肃地和爸爸讨论了早晨他的错误，爸爸觉得妈妈说得有理。

此时，小硕已经准备睡觉了，爸爸推门进来，非常真诚地对小硕说："小硕，今早是爸爸不对，不该张口就说你撒谎、偷东西。爸爸真的对不起你，希望你能给我改过的机会。"小硕愣了一瞬，眼泪一下子涌了出来。他问爸爸："你信我吗？"爸爸郑重地点头："我信。"小硕走过来，抱住了爸爸。

专家分析

人无完人，每个人都会犯错。

做父母时，我们像长了火眼金睛，很容易就能发现孩子的错误，并且严厉指正，美其名曰："我们是在做教育。"可一旦自己对孩子做错了事，我们却仿佛失聪失明，眼不见，耳不闻。这对孩子十分不公平。

当我们做错事，对孩子造成伤害时，孩子会感觉委屈、受伤。这时，如果我们明明认识到自己错了，却拒不认错，就会对孩子造成二次伤害。有些父亲表现得非常不可理喻："我就是错了能怎么样？我错了也是你的父亲。我养了你，骂你两句，还犯了大罪了？"

这种态度不仅会破坏亲子关系，失去孩子对你的信任和尊重，还会让孩子形成错误的世界观：原来有些身份可以为所欲为，不用为犯错付出代价。这会让孩子学会逃避责任。这时，我们虽然维护了自己作为父亲的面子，却摧毁了孩子正在构建的人生观。

父亲向孩子低头道歉，弥补尊严的成本最低。孩子会消融掉委屈和怨恨，感动于父亲的尊重和理解，对父亲更加信赖，也会学着父亲的样子诚恳做人，真心做事。

父职觉醒之路

当父亲做错时，该如何向孩子道歉呢？

1.真诚表达歉意

父亲要明确指出自己的错误行为，比如"宝贝，爸爸昨天因为工作上的事情心情不好，对你发脾气了，这是爸爸的不对"，让孩子清楚知道父亲为了什么事情道歉。

除了承认错误，父亲还要分享自己当时的感受和现在的心情，比如"爸爸当时确实太着急了，没有控制好自己的情绪，现在想想很后悔，希望你能原谅爸爸"。这样能让孩子更好地理解父亲的行为和想法。

2.承担责任与承诺改正

认错后，父亲要向孩子说明自己会采取什么措施弥补错误，比如"爸爸会把你最喜欢的玩具修好，或者带你去吃你喜欢的冰淇淋，弥补爸爸的过错"。这能让孩子感受到父亲对错误的重视和改正的决心。

另外，父亲还要承诺改正，比如"爸爸以后会尽量控制好自己的情绪，不再随便对你发脾气，你要是发现爸爸又犯错了，就提醒爸爸，好不好"。父亲这样说能给孩子一个明确的期待，让孩子也成为监督人，同时强化自己改正错误的决心。

3.倾听孩子的想法和感受

道歉后，要给孩子足够的时间和机会表达自己的想法和感受，因为孩子只有说出内心的真实想法，才能真正原谅父亲，消解这件事在他心中形成的阴影。

需要注意的是，无论孩子说什么，父亲都要认真倾听，不要打断或急于解释，用点头、眼神交流等方式表示自己在认真听，让孩子感受到自己的意见被尊重。

4.用行动巩固信任

父亲承诺改正后，要用实际行动证明自己，让孩子看到自己的努力和进步，逐渐恢复和巩固孩子对自己的信任，也教孩子学会修正自己的错误。

时间可以修正错误，只要父亲有改正的决心。父亲只是血缘赋予的称谓，只有尊重孩子，并在做错事后敢于向孩子低头认错的父亲，才能成为孩子心中的精神坐标。

无声教育：倾听中传递的父职智慧

父母上岗前没有专门的课程学习，也不需要考取上岗证，因此大多数父母都是想当然地教育孩子，最典型的做法就是说教。几乎没有不会给孩子讲道理的父母，从说话做事，到行为习惯，再到学习成长，无一不可以通过说教完成。我们过于相信言辞的灌输，却忽略了倾听的重要性。

情景导入

小优的爸爸不喜欢讲道理，更爱倾听，尤其是跟孩子在一起时更是如此。小优在爸爸面前想说什么就说什么，爸爸只是微笑着点头。

小优刚上小学时，老师给爸爸打电话，说孩子可能有多动症，一分钟都闲不下来，课堂上总是捣乱。小优很沮丧，忧心忡忡地窝在爸爸身边，问道："爱因斯坦没有多动症吧？牛顿有多动症吗？"爸爸说："你不是多动症，只是精力充足。"小优马上高兴起来，爬上爸爸的腿，摸着爸爸的脸，讲述自己在学校的见闻。他上课的时候说过话，因为希望告诉老师自己的见解；他推过同桌，是想让他看看自己本子上的杰作。他口齿清晰，记忆清晰，思维清晰。说累了，爸爸带他喝了水。之后，他们坐在桌前，爸爸拿了一个练字本，递给小优，说："从现在开始，10分钟内要把这页写完。你可以吗？"小优眨眨眼："测我会不会乱动，是不是？"爸爸笑着点头，小优说："我不乱动。"

小优开始安静地练字，爸爸就坐在旁边，认真地看着他。整整10分钟，小优的注意力非常集中。爸爸说："你不是多动症，你只是不知道学校的要求。老师的意思是，上课不说话，不乱动，认真听讲，这就是遵守课堂纪律。"小优点头。第二天，小优果然学会了遵守课堂纪律。

专家分析

很多时候，家长急于给孩子下定义、讲道理，以致误解孩子、伤害孩子。但通过倾听，父亲不仅可以更好地理解孩子的行为动机，掌握孩子真正的需求，而且能为孩子提供一个安全的情感出口，让他们能够自由表达自己的认知、想法和感受。当孩子感受到自己的想法和情绪被重视时，他会勇于承认自己的错误，即使没有错，他也会心存感恩。这种由倾听表达的重视既能增强孩子的自信心，还会让孩子更愿意敞开心扉，毫无压力地快乐成长。

　　同时，父亲的认真倾听还能让孩子知道，任何人、任何事都不能被简单地贴标签，而应该有被深度认识的过程。

　　当孩子被误解或者真做错事时，父亲的认真倾听会让孩子更专注于自己所说的内容上，并对自己的行为进行分析和反思，有助于孩子全方位认识自我，主动地去纠正错误。当孩子面对难题或者挫折时，父亲不急于给出建议或解决方案，而是耐心倾听，抛出问题，让孩子去独立思考，并尝试自己解决问题，这能大大增强孩子的自信和独立性，增强解决问题的能力。这才是教育的真正意义。

父职觉醒之路

　　倾听是了解孩子最好的办法。那么，父亲该如何做到有效倾听呢？

1.要付出专注与耐心

　　很多父亲习惯性地认为孩子不懂事，所以孩子讲话时，他们不是拿着手机就是看着文件，心不在焉，左耳进右耳出。孩子说了好几遍，他却只是"嗯嗯""啊啊"。孩子说得热切认真，父亲听得却零零碎碎。两个人明明面对面，两个世界却互不相交，谁也不懂谁。

　　还有些父亲虽能倾听，但喜欢先入为主，常常随意打断孩子，曲解孩子，这也会让孩子感到沮丧，渐渐失去交流的耐心。当孩子想跟你交流时，你错过了机会，那么当你想和孩子交流时，他可能已经无法打开他的心门。

2.使用非语言回应

不要用简单的"嗯""啊"回应，而要多用眼神、点头或微笑等非语言进行回应，表示你在认真听。父亲还可以进行适当的肢体接触，比如拍拍肩膀或拥抱，让孩子感受到父亲的支持。

当孩子有情绪时，不要急于评判或批评，而要先接纳孩子的情绪，还要站在孩子的角度理解他们的感受，适当说一两句"我明白你为什么生气"。

3.使用开放式提问

在孩子需要父亲表达看法时，父亲要及时给予回应，但要避免说教，可以用简短的语言总结孩子的观点，表达自己的感受。要更多地使用开放式提问，比如"你觉得呢""你是怎么想的"等问题，引导孩子主动思考。

倾听是实现双向沟通的基础。父亲教育孩子不能依靠单向灌输知识和观念，更需要接受孩子的输出。我们只有和孩子进行心到心的交流，才能引导他们健康成长。

第五章

乐在父职：
从责任到滋养的进阶

做父亲，不只是扛起责任重担，更要能够发掘全新乐趣。我们能从孩子的每一次进步看到希望的延续，感受到自身的价值。陪孩子玩耍，父亲还能重拾童趣，找回那份简单纯粹的快乐；孩子天马行空的想法，还可能启发父亲，给父亲带来全新的视角与感悟，让生活充满意想不到的惊喜。

价值感：父职觉醒的生命馈赠

对有些父亲来说，育儿永远没有成就自己更有意义，因此他们喜欢用忙于事业推脱养育的责任。其实，育儿也能给父亲带来价值感。

孩子就像是一面镜子，不仅能映射出父母的耐心、智慧与爱，也能看出对父母价值观、世界观的传承。如果父亲能全身心投入孩子的教育，就会发现其中充满了价值和惊喜。孩子成长的每一个瞬间，都是父亲辛勤付出的最佳回报，而那些陪伴的时光，也成了父亲自我提升与心灵富足的珍贵财富。

情景导入

楚楚的爸爸经常去国外出差，每次他都会带一些具有中国文化特色的小礼物给楚楚，他对楚楚说："中国文化在国外非常受欢迎，通过这种方式能让更多人了解中国。"他希望楚楚将来也能有机会传播中国特色文化，所以他买了很多古典文化图书、视频，给楚楚讲，并和她一起制作一些古典人物的手工艺品。楚楚非常喜欢，渐渐树立起民族自信和文化自豪感。

一次，爸爸带楚楚去国外参加一场中国传统文化演出。演出中，一个扮演"孙悟空"的演员登场，他的动作矫健、神态灵动，台下的外国孩子们看得津津有味。演出结束后，有个孩子知道楚楚是中国人，就问她："孙悟空和普通的猴子有什么区别？"楚楚说："他是石猴，也是神猴，会七十二变。他会驾云，从我们国家到这，一个筋斗云就到了。"孩子们惊讶极了："他会乘云呀？"楚楚又说："这都不算什么。你看，他手里的可不是简单的木棍，那是金箍棒，大可以戳破天，小可以变成针，藏进耳朵里……"

听着楚楚声情并茂的讲解，爸爸感到非常自豪，他的言行和价值观已潜移默化地影响了楚楚，让楚楚自豪于中国文化，并积极传递中国文化。

专家分析

所谓价值感，是个体基于自身言行所产生的被需要、被认可和有意义的主观感受。在教育孩子的过程中，如果父亲的能力得到肯定，付出得到感恩，或者达成了目标，对孩子产生了正向的影响，让孩子出现了一些良好的变化，就会产生价值感。就像案例中这位爸爸，他感受到自己的价值观得到传承，中国文化得到传递，孩子被那么多人喜欢和肯定，因而产生了满满的价值感。

父亲若想感受价值感，必须积极参与孩子生活的方方面面，比如孩子的每个第一次，陪孩子实现突破，与孩子沟通，带着孩子一起行动等。此外，父亲必须有耐心，能静下心等待孩子慢慢成长，才能亲眼见证那些细微的变化。

父职觉醒之路

那么，具体来说，父亲要如何才能在教育孩子中获得价值感？

1.记录孩子成长

孩子的成长是一个渐进的过程，许多变化可能不易察觉。父亲可以通过拍照、写日记或制作成长视频的方式，记录孩子的点滴进步，也可以和孩子一起填写成长手册记录孩子的成长。这些记录不仅能让孩子感受到父亲的关爱，也能让父亲直观地看到自己的付出对孩子的积极影响。

2.多和其他家长交流

几乎每个母亲都喜欢和其他家长交流，这样做有助于全面深入地了解孩子在同一群体下的成长状态。父亲也可以学习母亲的这一做法。通过与其他父母的沟通，父亲可以了解同龄孩子的成长特点，发现自己孩子的独特之处。

教育的目标不是培养千篇一律的好孩子，而是培养具有性格特色的孩子，看到孩子在人群中格外亮眼的那一刻，父亲一定会产生自豪感。当然，这种亮眼不一定是成绩好，也不一定是有独特的才能，而是很鲜活灵动的成长特征。

3.学习育儿技巧

育儿是一门学问，父亲可以通过阅读书籍、参加讲座或向专业人士请教，学习科学的育儿技巧。当这些技巧在孩子身上取得良好效果时，父亲会感受到巨大的价值感。比如，通过学习如何与孩子有效沟通，父亲发现孩子更愿意向他倾诉；通过学习如何培养孩子的专注力，父亲看到孩子在学习和活动中表现得更加出色。这些实践的成功，不仅让孩子受益，也让父亲感受到自己的努力是有意义的。

教育孩子是一场挑战，也蕴含着无限的价值感。参与教育越多的父亲，获得的教育灵感越多，为孩子赋能也就越多。当孩子站在我们的肩膀上，成就他非凡的一生时，我们该多么骄傲啊！

童心再启：成为孩子"玩具"的觉醒密码

有些父亲可能一看到这个标题就有些心态炸裂，把自己当成玩具？开玩笑！父亲们是堂堂七尺男儿，在外面见识过大风大浪的人物，回家却要扮作孩子的"玩具"？

其实，这里说的成为孩子的玩具，是指父亲放下严肃的面具，融入孩子的世界，并能发动创意，和孩子一起玩出乐趣。

情景导入

阳阳爸爸很喜欢和阳阳一起玩乐。在阳阳小的时候，他会让阳阳骑在背上，嘴里还模仿着马的嘶鸣声，驮着阳阳满屋子跑。阳阳稍大点，他会做"人体吊桥"，让阳阳顺着他的膝盖往上爬。更大一点后，爸爸又发明了新的玩法，因为阳阳喜欢成为超级英雄，爸爸就说自己愿意做他的"影子分身"。阳阳做出各种炫酷的跳跃、飞行动作，爸爸都精准模仿，夸张的表情和动作让阳阳笑得前仰后合。

由于经常和爸爸一起游戏玩乐，阳阳身体灵活，精力充沛。有一次，阳阳去同学家玩，回来时突然迷路了，手机也没电了。这时阳阳并没有慌乱，而是向周围商铺的工作人员借用手机给爸爸打电话，询问回去的路线，用纸笔记了下来。然后阳阳又向工作人员借了公交费用，并承诺一定会归还。

就这样，阳阳凭借自己的机智，安全回到了家中。回家后，爸爸问阳阳当时怕不怕，阳阳说："我不怕。我不是还有个您这个影子分身吗？我觉得爸爸一直在守护着我呢。"

专家分析

对孩子而言，父亲成为"玩具"不仅会强化孩子的身体素质，满足孩子对玩乐的需求，而且最重要的是满足了孩子与父母进行肢体接触的成长需求。比如，事例中提到的骑马、攀爬等肢体游戏。

从大脑发育角度来看，与父母的身体接触能刺激孩子的大脑分泌催产素，而催产素又深刻影响着人类的情感、社交和行为模式，所以这种身体接触不仅能让孩子感受到安全、信任和被爱；还能调节孩子的情绪，帮助孩子缓解焦虑和压力；也会影响大脑中与社交认知、记忆等相关区域的发育和功能，对孩子的社交能力和认知发展都能起到积极的促进作用。

　　此外，这种教养方式还能培养孩子的心理韧性，比如"影子分身"的游戏，将父亲的陪伴升华为持久的安全感，这也是阳阳最后会说"爸爸一直在守护我"的原因。正是因为阳阳父亲给予的安全感，让阳阳在迷路时仍能冷静应对，展现出超龄的问题解决能力，比如遇到问题时不慌乱，理性求助。

　　对父亲而言，成为孩子的"玩具"，与孩子进行肢体接触时也会刺激父亲的大脑分泌催产素，促进父亲与孩子的亲密感和情感连接。同时，父亲还能在与孩子的互动中重获童真快乐，缓解工作和生活压力，并体验到教养的即时反馈与成就感，最终实现亲子关系的共赢发展。

父职觉醒之路

　　父亲该如何做孩子的"玩具"呢？

1.注意安全

　　在孩子小的时候，很多父亲都会和孩子一起做诸如当"大马"、搭"吊桥"等游戏，这些都能让孩子体验到快乐和刺激感。

　　但是，一定要注意安全。我们在新闻里看到过很多类似的悲剧，父亲将孩子高高抛起，却没有接住，导致孩子坠落受伤。所以，一定要根据孩子的年龄和体力调整游戏强度，选择更为安全的游戏模式。

2.发挥创意做游戏玩具

其实，有很多做孩子玩具的模式可供选择。

第一，角色扮演，做孩子的协同角色。

比如案例中的"影子分身"，可以让孩子体会到父子协同的快乐。另外，孩子总是对超级英雄充满向往，父亲可以利用这一点，扮演孩子的超级英雄伙伴。比如，用围巾当披风，一起拯救玩具，或者在客厅里"巡逻"，寻找"怪兽"。

这种角色扮演不仅能激发孩子的想象力，还能让他们感受到父亲的陪伴和保护。

第二，做孩子的小跟班。

孩子的脑海中总是充满奇思妙想，父亲要积极配合。当孩子说想要搭建一个"城堡"时，父亲可以用双腿做地基，或者让双手做堡顶。

这种全力配合能让孩子感受到自己的想法被尊重，增强他们的自信心和创造力，同时也让父亲深度参与到孩子的世界中，享受共同创造的快乐。

第三，和孩子演双簧。

父子俩可以设定一个游戏内容，然后一起完成一场双簧，或者孩子在前面表演，父亲在身后发出声音，或者父亲在前面表演，孩子在身后发出声音。

这样的互动不仅能激发孩子的创造力，还能让他们在游戏中找到乐趣。

第四，做手指操。

做手指操不仅可以使手指灵活，锻炼孩子的手部精细动作和协调能力，手指操的趣味性还能让孩子在玩耍中提升专注力，为学习和生活打下良好基础。

父亲通过示范和引导，带着孩子一起做手指操，让孩子感受节奏与动作的配合，还能增进亲子互动。

第五，和孩子一起玩音乐。

爸爸不仅可以和孩子一起唱歌、跳舞，用小鼓、口琴等简单的乐器一起演奏，还可以用拍手、跺脚的方式和孩子一起创造节奏，同时吹口哨，敲击物体发出声音。

这种音乐互动不仅能让孩子感受到快乐，还能培养他们的音乐感知能力。

玩是世界上最简单的事，但也可以是最有创意的事。父亲有能力也愿意发挥创意，就能把平凡的日常陪伴变成充满惊喜和快乐的奇妙时光。

科技赋能：新时代父职的必修素养

如今，科技正在以突飞猛进之势影响着全球人的生活，未来的科技必然会深刻改变孩子的生活和学习方式，孩子将来必然需要具备扎实的科技素养，才能更好地适应和引领科技发展的潮流。

此时，一个热爱科技、跟上科技潮流发展的父亲，必然会潜移默化地对孩子形成积极的榜样效应，激发孩子对科技的兴趣，培养孩子的探索精神和创新能力。

情景导入

在岚岚很小的时候，父亲就常带着她去科技馆、地质公园和天文馆等地方参观。通过使用先进的科技器材，岚岚亲眼看到了地球的构造、星空的奥秘。她还亲手操作了一些模拟设备，比如操控模拟飞行器，感受气流变化与飞行方向的奇妙关联，这让她在亲身体验中真切触摸到科技的脉搏，对未知世界的探索欲望愈加强烈。

岚岚家的书房还有一个特别的"科技角"。这里不仅摆满了各种各样的科技图书，还有很多科技玩具和实验工具，更有一整套光学、电学和力学实验仪器玩具，甚至还有一张专门用来做实验的小桌子。在这里，父亲曾经和岚岚一起拆过废旧的电器，学习电学原理；用空的饮料瓶制作水火箭，还做过探索空气动力学等简单的实验。

在这个充满科技气息的角落里，岚岚不仅学到了知识，还学会了如何用科学的眼光看待世界。

专家分析

科技离我们的生活越来越近。暂且不提小度、小爱同学这样的智能助手，也不谈移动支付的普及，更不用说智能家居和数码教育的广泛应用，单是2025年春晚上宇树科技的人形机器人，以及DeepSeek推出的R1模型，就足以让我们看到科技的巨大进步。

随着AI智能的高速发展，未来的职业市场也必将越来越依赖科技。未来的孩子必然需要具备更高的科技素养。根据教育部办公厅在2024年11月27日发布的《关于加强中小学人工智能教育的通知》，要求中小学构建系统化的人工智能课程体系，开发普适化教学资源。这意味着人工智能教育将在中小学推进展开。如今，北京等大城市已经将编程等内容纳入兴趣辅修课中，种种迹象都说明提高孩子的科技素养刻不容缓。

在培养孩子科技素养的过程中，父亲的角色必不可少。因为父亲通常更擅长逻辑思维和探索实践，在引导孩子接触科技、激发兴趣、培养动手能力方面具有独特优势，能够为孩子打开科技世界的大门，帮助孩子培养科学思维和探索精神。

父职觉醒之路

那么，父亲该如何培养孩子的科技素养呢？

1.激发兴趣

兴趣是探索的关键。父亲可以通过营造科技氛围、分享科技故事、关注科技热点等模式不断培养孩子对科技的兴趣。就如案例中岚岚的父亲，建立科技角，或经常带孩子去各种科技场馆参观等。

除此之外，父亲还可以多给孩子讲述科学家的故事，让孩子了解科学家们的探索精神和创新思维，激发孩子对科技探索的向往；关注时事新闻中的科技热点，比如太空探索、人工智能的新应用等，与孩子讨论这些科技成果可能对生活产生的影响，让孩子感受到科技的魅力和重要性。

2.提供学习资源

最简单的方式就是根据孩子的年龄和兴趣，购买相关的科技书籍、科普杂志、实验套装等。此外，还要帮助孩子筛选出优质的科技学习网站、在线课程平台等，比如中国大学 MOOC、哔哩哔哩的科普频道等，让孩子根据自己的时间和兴趣，自由学习各种科技知识。

如果条件允许，父亲们还可以经常带孩子去科技馆、博物馆、天文馆等场馆参观学习，通过观察实物、参与互动体验等方式，更直观地了解科技知识。

3.参与实践活动

父亲可以和孩子一起做一些简单有趣的科学实验，比如制作小孔成像装置、DIY 电路、进行酸碱中和实验等；鼓励孩子参加各种科技竞赛，比如机器人竞赛、编程比赛、科技创新大赛等；带孩子进行户外观察和探索，比如观察星空、辨认星座、寻找动植物、研究地质地貌等。

总之，让孩子通过各种活动感受科技的广泛应用和神奇魅力。

4.培养思维能力

当孩子对科技现象提出问题时，父亲不要直接给出答案，而要引导孩子自己思考、查阅资料、尝试解答。同时，鼓励孩子对已有的知识和观点提出疑问，培养他们的批判性思维。

在日常生活中，父亲还要多鼓励孩子从不同角度思考问题，尝试用新的方法解决问题。比如，让孩子思考如何利用废旧物品制作有用的工具或玩具，培养他们的创新思维和创造力。

　　科技是未来的主题之一，父亲与孩子携手探索科技的奥秘，不仅能让孩子始终站在时代的前沿，更能让父亲保持与时俱进的活力。

树皮哨与电子屏：父亲的双重童年游戏课

科技发展越快，时代的割裂感越重。看着生活中互联网的原住民们，再回想上一代人童年时代的玩具，会有一种强烈的冲击感，仿佛需要一场漫长的穿越，而这种"穿越"对孩子未尝不是一种珍贵的体验。

父亲们既可以带着孩子探索科技前沿，也可以带着孩子回到父亲的童年时代，了解那个时代的玩具、游戏。让孩子在对比中理解时代的变化，学会尊重过去，珍惜当下，同时更加憧憬未来。

情景导入

如今的孩子接触信息广，懂的也不少，所以成成的爸爸常常不知道该和成成聊些什么，总不能去聊职场上那些复杂的事儿吧。

一天，爸爸强行把打游戏的成成带去公园散步，成成无精打采，对什么都没兴趣。

这时，爸爸随手在地上捡起一根新掉落的枝条，精心截取了一小段，熟练地扭了几下，然后轻轻一抽，便得到了一个完整的树皮哨。爸爸把树皮哨放在嘴边，吹了一支简单的曲子，瞬间吸引了成成的注意力。他问："爸爸，你怎么这么厉害？"爸爸笑着说："这算什么？我们小时候哪有那么多现成的玩具，都是就地取材，玩得也很开心。"成成的好奇心被彻底勾了起来，央求爸爸讲童年的故事。爸爸越聊越兴奋，成成越听越入迷，他早忘了一直勾着他的手机游戏了。

专家分析

对于孩子而言，了解父辈们童年的游戏是一件有意思且有意义的事。

首先，能丰富认知体验。现代孩子身处科技飞速发展的时代，接触的多是电子游戏等新型娱乐方式。而父辈的童年游戏，比如滚铁环、打弹珠、做弹弓、打水漂等，以简单道具创造无限乐趣，能让孩子认识到娱乐并非只有依赖电子设备这一种途径，帮助孩子拓宽对娱乐方式的认知边界。同时，可以将孩子从电子产品中解放出来，亲近大自然，提高身体素质。

其次，在情感层面上，父子共同参与这些游戏，能增进亲子关系，让孩子感受到父亲的陪伴与关爱，增强安全感。同时，游戏过程中克服困难，不断尝试，有助于培养孩子坚忍不拔的意志品质。

对父亲来说，分享童年游戏是对自身过去美好时光的回顾，能唤起内心的纯真与快乐，重拾童年的温暖记忆。

在分享过程中，父亲也能以更平等的姿态与孩子交流互动，更好地了解孩子的兴趣和想法，有助于改善亲子沟通模式。而且，父亲在游戏中展现出的智慧和技能，能让父亲在孩子心中树立起更立体的形象，提升父亲在孩子心中的权威性，增强亲近感，促进家庭关系的和谐发展。

父职觉醒之路

父亲要如何做才能让孩子了解并加入自己童年时代的有趣游戏中，感受真实游戏的快乐，摆脱对电子产品的依赖呢？

1.从游戏入手

父亲可以从自己擅长的游戏入手，就像案例中成成的父亲那样，用树皮哨引发孩子的兴趣，让孩子主动参与玩游戏，并想要知道父亲童年的游戏。这样就可以很自然地带孩子走进大自然中，使孩子参与更多的户外活动。

2.分享游戏攻略

在擅长的游戏上，父亲可以分享更多的游戏技巧。这样孩子不仅可以学会一种简单而有趣的玩法，同时还能认识到熟能生巧的规律，认识到任何问题都可以从不同角度进行分解并得到解决。

3.会讲故事

父亲还可以讲述自己小时候玩这些游戏时的趣事，甚至可以带孩子"穿越"进相似的场景中，让孩子亲身体验。同时，童年游戏不仅仅是娱乐，还蕴含着许多宝贵的价值观，比如团队合作、公平竞争、探索精神和对自然的敬畏。

4.结合现代元素

有创意的父亲还可以将传统游戏与现代科技结合，比如用智能设备预测打水漂的石子样子、打水漂的角度，用手机拍摄纸飞机飞行的慢动作视频，或者用智能设备记录跳房子的成绩等。

父亲们带着孩子穿越回到自己的童年，不仅可以重拾久违的童真与快乐，还让孩子有了更丰富的游戏体验。教育可以没有痕迹，玩乐一定要有创意，两代人跨时空的童年碰撞，完成的是一场关于成长的最美接力。

第六章

性别滋养：
父职觉醒的成长锚点

父亲在孩子的性别认同和独立性发展中扮演着关键角色。青春期的孩子正处于性别认知和独立意识觉醒的阶段，情绪波动大，他们会尝试反叛，并容易与外界产生冲突。父亲的勇敢、宽厚和果断，不仅能成为男孩模仿的榜样，帮助他们塑造健康性别角色，也能给予女孩更多安全感，助力孩子实现自我认同，让孩子成功度过青春期，健康成长。

叛逆期导航：父职觉醒的测量工具箱

很多父母都有这样的感受：正值青春期的孩子仿佛一只刺猬，敏感而脆弱，稍有触碰就竖起尖刺。你关心他，他说你管得太多，束缚了他们的自由；你不管，他又指责你冷漠，对他们不够重视。他们的情绪如同永不停歇的海浪，一波未平，一波又起，让父母应接不暇。更让人头疼的是，青春期的孩子似乎总爱逆着父母来，越管越反叛，越放手越失控。

那么，面对叛逆期的孩子，父亲这个角色又有怎样的意义和影响呢？

情景导入

小毅的妈妈最近有些困惑。她经常听同事抱怨青春期的孩子难管，乖巧的女孩变得暴躁，稳重的男孩也开始叛逆。可小毅却似乎没什么变化，既没有染上毛病，也没有多愁善感，甚至连早恋的苗头都没有。他依然每天认真生活，闹脾气的次数屈指可数。妈妈忍不住偷偷问爸爸："咱们孩子是不是发育晚啊？他怎么一点都不叛逆呢？"

爸爸笑了笑，说："你这是盼着他欺师灭祖式的叛逆啊？其实，他每天都在叛逆。"妈妈有些好奇，便央求爸爸告诉她，爸爸不得不透露了一些细节。

原来，小毅也曾想过逃学，想过离家出走，对女生也曾充满好奇。但他逃学那次，正好被爸爸撞见，爸爸因此翘班，和他一起找了个地方玩得忘乎所以。但那天，爸爸接了两通电话：第一通来自爸爸的领导，他斥责了爸爸，并宣布了惩罚措施；第二通来自学校老师，老师严厉警示爸爸，让爸爸一定要多关心孩子。这让小毅非常难受，他马上明白了一个职场人的责任和一个父亲的承担。他对爸爸说："我没想到我的一次冲动，会给你带来这么多事。"

爸爸经常和小毅以"男人对男人"的方式聊天，聊学习，聊生活，聊梦想，也聊那些青春期的小烦恼。爸爸从不回避敏感话题，比如对异性的好奇、对规则的质疑，甚至对生活的迷茫。他总是用幽默和智慧化解小毅的困惑，让他感受到被理解和被支持。

妈妈听完爸爸的话，非常感动："原来你做了这么多，难怪小毅这么懂事。"

专家分析

叛逆是青春期孩子成长的必经之路。他们通过挑战权威、质疑规则来确立自我边界，这是人格独立的重要标志。那些看似叛逆的行为，实则是他们向世界发出的独立宣言，是他们尝试用另一种方式生活的挑战。

在这个过程中，父亲的言行、处事方式等都能深刻塑造青春期孩子的价值观体系。

对儿子，父亲可以通过男人与男人之间的聊天，很自然地与孩子进行身体接触，让孩子感受到被接纳、肯定、尊重，这会消融孩子身体内那股想要与世界进行激烈碰撞的冲动。对女儿，父亲的保护，以及在言行上的尊重和肯定，能让女儿产生稳定的安全感，这种安全感是她们探索世界、建立自信、完成自我认知的基础。

父职觉醒之路

母亲能让处于青春期的孩子产生满足感，而父亲能让处于青春期的孩子获得方向感。

那么，父亲到底该如何面对青春期孩子的叛逆呢？

1.建立专属对话时间

处于青春期的孩子，通常都会变得敏感、迷茫，这时候成人的指导和沟通就显得十分重要。

父亲可以每周设定固定的一个两小时，作为与孩子的专属对话时间。需要注意的是，聊天是随意的，可以一边喝着饮料一边随意扯开话题，还可以在周末下午去公园散步时聊天。同时，不能局限话题，不能用压制式说辞，要多倾听，多肯定，少否定，少评论。

2.给予尝试独立的机会

当孩子有了想要独立的想法时，父亲可以在安全范围内，给予孩子独立行动、决策的机会，就像案例中的父亲那样。在孩子执行过程中，保持适度关注但不干预。如果出现问题，可以事后一起总结经验教训。

这种方式既能满足孩子的独立需求，又能培养孩子的责任感。当然，如果遭遇大的安全问题，父亲一定要马上叫停，以保护好孩子为重。

3.父亲要多做一些

父亲至少要在这个阶段做两件事：其一，要以身作则，展示积极向上的生活态度；其二，要多关注孩子，主动为孩子创造开阔眼界的机会。父亲可以每月安排一次有意义的社交活动，比如参观科技展览、参加读书会等；每年安排一次深度旅行，选择有文化底蕴的目的地，与孩子一起做攻略，在旅行中探讨人生话题。

当孩子有了更广阔范围内的探索和独立动作时，他也就不会汲汲于每日反抗父母和老师，做一些幼稚而又有自我伤害性的事情了。

人类在生理上并没有绝对的叛逆期，如果父亲们能够给予想要独立的孩子们极大的自由、尊重、机会，就能引导孩子将叛逆转化为探索，助力孩子用更安全更稳健的方式度过叛逆期。

性别启蒙：父亲塑造的认知底色

很多人都不理解，父爱不缺席早就不是新鲜话题了，为什么依然有一些年轻父亲完全不想参与孩子的成长，若让他们管孩子，他们只会对孩子强势压制。

通常来说，这样的父亲也是在"父爱缺席"的环境中长大的，还被灌输了很多顽固的错误理念。在潜移默化中，他们复刻了上一辈的行为模式，成为顽固不化的新一代。

情景导入

谦谦和妈妈、姐姐一起看一档爸爸带孩子的综艺节目。节目中，一位爸爸去学校参加活动。老师要求父母带孩子做手工，他就直接在网上叫了闪送应付了事。谦谦姐姐已经进入青春期，最看不起不懂事的男生，看到这位爸爸的表现，她生气地说："不负责任。"

节目里，那位爸爸回家后就和妻子发火："以后别让我带孩子，这是你的任务。"妻子很生气："那难道不是你孩子吗？"他说："我已经为你提供了丰富的物质生活条件啊。你不用辛苦上班，就在家带孩子，难道还做不好吗？"

看到这，姐姐气得关掉了电视，谦谦也说："这个爸爸不好！"妈妈虽然也很生气，但还是温和地问："为什么呢？"谦谦说："他不尊重妈妈，也不亲近孩子，还好我爸爸不这样。"姐姐说："就是，我刚上初中时，有个男同学讥讽我胖。爸爸知道后，还扛着我做运动呢。哈哈，现在想起来就好笑。爸还说：'很轻啊，不知道你同学为啥会那样说，不过，那也不重要啊。他又定义不了你。'瞧瞧，咱爸说话多有水平！"

这时，爸爸下班回来了。谦谦扑上去搂住爸爸的脖子，说："爸爸大帅哥，今天你辛苦了！"姐姐也抱住爸爸，问道："爸爸，今天有什么新闻吗？我先说，我今天得了演讲的比赛冠军。"妈妈在旁边看着女儿自信的样子，不禁笑起来。

专家分析

根据科尔伯格认知发展理论，幼儿期（3～6岁）是性别角色形成的关键时期。在这个阶段，儿童开始区分自己和他人的性别，并逐渐理解不同性别的行为和角色差异。此时，父亲与孩子进行互动，有助于孩子更好地理解男性和女性的角色。

很多心理学家做过相关实验，总结发现：4岁前不与父亲一起生活的男孩在性别角色上趋于女性化，如果同时受到母亲的溺爱，就会变得十分脆弱、自私，没有责任感；早期就失去父爱的女孩也会形成错误的女性角色认知，在潜意识里有严重的自卑心理，认为女性不会得到男性和社会的重视等。

在青春期有父亲陪伴并参与照顾的孩子，成年后雄性激素水平更低，更有责任感，更愿意投入家庭生活，男孩会减少个体对外界的竞争与攻击性，女孩则能更好地爱自己，也能温暖别人。

从社会学角度看，父亲在青春期的陪伴和参与能帮助孩子建立更健康的情感连接和社会责任感。

父职觉醒之路

既然父亲在影响孩子性别角色态度方面扮演着重要角色，那么父亲该怎么做呢？

1.积极参与教育

让父爱不缺席，这是必不可少的。不管是婴幼儿时期还是青春期，父亲都应主动参与孩子的日常生活，比如陪伴学习、做游戏、做家务；同时，父亲应多表达对孩子的鼓励和肯定，帮助孩子建立自信，让孩子感受到父亲的关爱。

2.打破传统性别刻板印象

摒弃传统刻板的性别认知，不再秉持"男主外，女主内"这类错误观念。父亲不但要积极参与教育，还应该主动分担家务，比如做饭、打扫卫生等，让孩子看到家庭责任应该由家庭成员共同分担，而并非女性专属。

在培养兴趣爱好时，不限制孩子因性别而选择。若女儿喜欢机械搭建，父亲应全力支持，为她提供相关材料并一起探索；若儿子钟情绘画，父亲不要因传统观念而阻拦，要给予鼓励与指导。总之，父亲要对男孩和女孩一视同仁，不因性别而设定不同期望。

在职业规划引导上，也不能因性别设限，要告诉孩子无论男女，都能在任何领域发光发热，医生、护士、工程师、幼师等职业，不应被性别束缚。

通过这些方式，父亲可以帮助孩子树立平等、多元的性别角色观念，可以帮助孩子形成更开放、平等的性别角色态度，为他们的未来发展奠定健康基础。

未来社会对性别角色的态度将更加公正合理，每个孩子都能在多元包容的环境中自由发展，实现个人价值。

女孩成长关键：父亲的认可是能量源泉

　　处于青春期的女孩，身体的快速发育和体内激素水平的波动会导致心理发生剧烈变化。此时是她们自我认同和性别角色形成的关键时期，如果她们被温柔对待，就能更自信地探索和发展自己的兴趣和能力；反之，可能会陷入自卑情绪中。

　　父亲的态度对青春期女孩的心理发展有着深远影响。父亲的认可与支持能赋予女孩自信，让她们在学习和社交中表现得更加细心和出色；反之，父亲的否定则可能让女孩不断进行情绪内耗，不但浪费了最美的光阴，还可能影响她们未来的职业选择和人际关系。

情景导入

　　晓琪是坐拥百万粉丝的网红，她的未来充满了无限可能性和潜力，可她却失去了奋斗的动力。

　　此时，晓琪正在做心理咨询。心理咨询师问她："这种情况是从什么时候开始的？"晓琪想了想，回答："大约是在父亲去世之后。"心理咨询师问："父亲去世，你很伤心吧。"晓琪一脸愤怒地说："不，我才不伤心，我很高兴，我太高兴了……"这样说着，她却流下了泪水。

经过多次耐心引导，心理咨询师才了解了晓琪的成长故事。原来，晓琪非常痛恨父亲，因为他一直瞧不起晓琪，认为晓琪笨，不会有什么出息，而弟弟很聪明，将来肯定有前途。为此，父亲逼着晓琪去打工，支持弟弟实现打游戏的梦想。晓琪不甘心，自学拿到了本科证书，进了大厂。父亲知道后很不高兴，骂她没有全力支持弟弟。晓琪一怒之下离家出走，自主创业。她成功时，听到的却是父亲病危的消息。她回去探望父亲，让她没想到的是，父亲临终前还是那句话："你绝对不行。"这话对晓琪的冲击很大。

了解整个故事后，心理咨询师告诉晓琪，她潜意识里一直渴望得到父亲的认可，而父亲的离世让她意识到，这个目标永远无法实现，因此她才会感到人生失去了意义。

心理咨询师通过多种方式帮助晓琪跳脱出父亲对她的限制，重新定义自己的人生目标和价值。经过很长时间的调整，晓琪终于恢复了生活的动力。

专家分析

　　从这个案例中，我们可以看出父亲的否定让晓琪不自觉地产生了自卑感，甚至将得到父亲认可作为人生的终极目标。

　　根据埃里克森的心理社会发展理论，青春期的核心任务是建立自我认同。青春期女孩的自我意识正在迅速发展，十分渴望外界对自身价值的反馈。父亲作为女孩生命中重要的异性形象，其认可与否直接影响女孩对自身性别角色的认同。

　　长期被父亲给予积极评价的女孩，在面对困难时更具韧性，也更阳光自信。而长期被父亲否定的女孩，往往会陷入自我否定的旋涡，哪怕如案例中这样有奋斗的决心，有努力的毅力，也有可能因内耗而失去正确的方向。

　　除此之外，父亲的行为形象还会影响青春期女孩对男性角色的初步认知，并进一步影响她们未来与异性的交往模式。温暖而可靠的父亲可以让女孩感受到来自男性的关爱和支持，使她们对自身女性特质的接纳度更高，且在与异性交往中更加自信从容。反之，女孩会对自身性别角色产生困惑，对男性产生敌对、恐惧、过度依赖等不健康心理，难以建立健康、平等的亲密关系。

父职觉醒之路

　　青春期是女孩成长过程中极为关键的阶段，父亲的角色对其至关重要。那么，父亲们该怎么做呢？

1.关注三大问题

通常来说，在这一时期，女孩子们将会遭遇三大问题：一是身体的变化，二是情感波动，三是对未来的构想。

大多数父亲只管女儿的未来，而把其他问题都推给母亲；也有一些父亲会严格约束女儿，禁止女儿早恋，要求女儿先把未来确定好，再谈恋爱。这些做法都不够正确。

在前一种做法中，父亲的疏远会让正处于情感敏感期的青春期女孩将疏远误解为冷漠或讨厌，进而影响她的自我认同和安全感的形成。后一种做法可能会激发女孩的叛逆心理，使她们为了对抗而试错。

父亲应该一如既往地对待孩子，可以和母亲共同合作，形成互补的教育方式，让孩子感受到全面的关爱和支持。

2.接纳与尊重

父亲一定要注意：接纳女儿的情绪变化，尊重女儿的隐私，尊重女儿的兴趣爱好，尊重女儿的选择。

青春期女孩的情绪波动可能更多，兴趣爱好也可能表现得另类，比如喜欢奇装异服的独特打扮，喜欢某种运动或者艺术形式，不要将其误读为任性，更不要简单地将其判定为学坏。哪怕女儿的表现与父亲的期望不同，父亲也要学会尊重她。因为这是她独立的一种尝试，是她向社会敞开自己的一次实验。

对于明显的错误行为，父亲不要直接批评，而应通过耐心的沟通和引导，帮助女孩形成正确的价值观。

3.沟通与陪伴

进入青春期的孩子，思维方式和想法都会出现突飞猛进的变化，因此沟通和陪伴显得格外重要。但这个时期的女孩又很善变，有时渴望倾诉，有时又需要独处。父亲要理解她的这些需求，给予尊重。当她需要陪伴时，认真倾听，给予支持；当她需要独处时，给予足够的空间。

同时，用语言和行动向女儿表明，父亲永远是她最坚实的依靠。让她知道，无论遇到什么困难，父亲都会为她遮风挡雨，鼓励她勇敢向前。

父亲是女儿的保护神，父亲的接纳理解、尊重保护，将会为女孩的成长赋能，让她们在关键的成长期实现最美的蜕变。

男孩成长仪式：父职交接的能量传递

在幼年时期，男孩往往对母亲表现出强烈的依恋。从五六岁起，随着性别意识的初步萌发，他们开始向父亲靠拢，潜意识里将父亲视为成为男子汉的榜样，并进行模仿。

步入青春期后，男孩的态度会发生新的转变。他们会在有意无意间排斥父亲，并在潜意识里萌生出想要超越父亲的想法，试图在家庭和社会中确立属于自己的独立地位，展现独特的个性与力量。

情景导入

小鹤和爸爸都是柔术爱好者。每个周末，父子俩都会在训练馆里较量一番。小鹤小时候，爸爸谈笑间就能打败小鹤，可最近几年，小鹤个头快要追上老爸，力量也十分强大，因此他就憋足了劲要打败爸爸。可小鹤每次都差那么一点才能打败爸爸，让他不禁感到沮丧，又不甘心。每次失败后，他都会攥着拳头对爸爸说："我早晚有一天会打败你的。"

爸爸又惊又喜，惊的是自己似乎开始衰老了，其实每次较量他都要付出十分努力，喜的是孩子长大了，志在超过自己。爸爸不愿意承认自己老了，他暗地里更努力地锻炼，尽量不让自己显出颓势。

有一次，爸爸与小鹤较量之后，开玩笑地说："这太像古代帝王之间夺位啦。"小鹤一挑眉毛，问："父亲总是在一天天衰老，儿子却在一天天变得强大。这是不是意味着我总有一天会超越你？"父亲笑着回答："在没有成熟之前就野心勃勃，可能会翻车。"

终于有一天，小鹤打败了爸爸。爸爸汗流浃背，气喘吁吁躺在地板上，高声大笑："后生可畏！"小鹤躺在他身边，颇有些伤感地说："爸爸，你没有老。你不许老。"爸爸翻身坐起，说："我当然没老，再战。"这一次，爸爸又赢了，因为他扬长避短，规避了自己力量不足的特性，而使用了更多的经验和技巧。他告诉小鹤："这就是父亲。你要学的还多着呢。"小鹤既羡慕又不服，说："再战！"

专家分析

青春期是男孩形成自我认同的关键时期。他们开始思考"我是谁""我想成为什么样的人"等问题，并试图通过与他人的比较来定义自己。父亲作为家庭中的权威象征，往往是男孩最直接、最自然的比较对象。挑战父亲，实际上是一种寻求自我认同的方式。通过挑战父亲的权威，男孩试图证明自己已经成熟，具备独立的能力。这种超越父亲的想法，本质上是对自我价值的探索和确认。

其实，在男孩幼年时期，父亲通常是他们依赖和崇拜的对象。进入青春期后挑战父亲，是男孩建立新模式的一种尝试，他们渴望从向上依赖变成平等的关系。这种挑战并非出于敌意，而是男孩希望被父亲认可为"成年人"的一种方式。

只有越过父亲，孩子才能看到更广阔的世界，才有挑战更强的竞争对手或者扛起更大的世界的信心与动力。

父职觉醒之路

此时，父亲处理父子之间冲突的方法越成熟，孩子就越能平稳度过青春期，孩子的性格竞争模式也会更加健康和完善。那么，父亲要怎么做呢?

1.约束方向，不约束动力

有些青春期男孩叛逆情绪和行为都很出格，这让一些父亲感到恼火，他们会不遗余力予以打压。这是错误的做法。

父亲可以沟通引导，帮助男孩建立正确的行为规范和价值观，但不能过度压制，以避免更强的反弹。父亲要允许儿子挑战自己的权威，也愿意接纳孩子超越自己。只是如果孩子挑战方向错误，父亲要进行适当约束，此时要讲究策略，宜疏不宜堵。

2.激发斗志，但不要打击自信

父亲可以和儿子一起运动，进行比赛或者较量，激发他超越自己的斗志。在较量过程中，不要打击孩子的信心，在孩子相对较弱的时期，父亲可以适度放水，让儿子体验到胜利的喜悦。对于越来越强大的孩子，父亲还要增强自己的实力，以激发孩子的斗志。

当然，父亲要允许儿子在某些方面超越自己，比如力量、速度，但要同时展示自己在其他方面的优势，比如经验、智慧，这样可以让孩子认识到学无止境，挑战不息，激励孩子积蓄力量，保持耐性，同时也能培养孩子全面发展的意识和能力。

3.严格，但不冷漠

父亲可以对青春期的儿子提出高要求，比如学习成绩、行为规范，但在严格要求的同时，也要关注他的情感需求，给予理解、支持和引导，从而避免孩子在情绪波动最大的时期产生错误的认知。

作为父亲，我们既要允许孩子超越我们，也要成为孩子一生骄傲的资本。父亲不仅是孩子曾经挑战的对手，更是他们一生的榜样与后盾。

分离课题：父职觉醒的代际共情

不光孩子有断奶期，有时候，母亲也需要度过"断奶期"。

孩子从依赖父母到逐渐独立，是成长的必然过程。许多母亲习惯于孩子对自己的依赖，当孩子长大有了朋友、兴趣和方向，和自己不再亲密无间时，她们就有些接受不了。此时，作为父亲，应当理解并支持母亲，帮助她学会放手，接纳孩子终将渐行渐远的成长历程。

情景导入

小凤和玲珑是一对龙凤胎，他们小的时候特别依赖妈妈，任何事都和妈妈分享。可最近一段时间，妈妈发现他们的秘密越来越多，两人宁肯背后吵翻天，也不愿意在她面前说一句。

有一次，同事拉着妈妈去旅游，回来后，妈妈闷闷不乐。小凤和玲珑小心翼翼地做事，自己收拾房间，主动完成作业，还加了一些挑战任务，甚至为妈妈做好了晚饭，并为妈妈按摩。妈妈表面笑着，却显得心不在焉。两个孩子不知所措，爸爸安慰他们说："没事，妈妈就是累了。"其实，妈妈跟爸爸诉过苦，旅程中，家里没有一通打给妈妈的求助电话。

晚上，妈妈突然问爸爸："你说他们两个是不是做错事了，怎么这么乖？我要不要看看他们的日记本，或者给老师打个电话问问情况？"爸爸搂住妈妈说："老婆，我敢保证，孩子们什么事都没有，他们只是长大了。"妈妈说："我知道他们大了。"但是，妈妈还是忍不住给老师打了电话，结果得知两个孩子分别参加了不同的社团。

挂了电话，妈妈更难过："他们怎么不告诉我？"爸爸解释道："因为他们觉得这种事自己能做主，不想让你操心了。"妈妈不甘心地说："我是妈妈啊。"爸爸笑了笑："老婆，你天天看家教书，书里说孩子不是我们的附属，你还用这话教训过我呢。现在轮到你了，怎么想不开呢。我们得允许孩子与我们渐行渐远。"

🔔 专家分析

在孩子幼年时，父母的陪伴和照顾是义务；当孩子逐渐长大，学会独立，父母的放手也是一种责任。如果孩子过分依赖父母，我们反而需要警惕，因为他们终将要过属于自己的人生，要完成自己的任务，承担自己的责任，还要出去闯荡世界。我们无法代替他们走完一生，只能在背后默默地支持他们。

这一点说起来很简单，但对母亲来说很难，因为她们往往在孩子的成长中付出更多，尤其是在孕育和哺乳阶段的亲密连接，使孩子通常更依赖母亲。因此，等到孩子独立时，母亲常会感到失落和不舍。

此时，父亲的角色尤为重要。他需要引导母亲认识到，孩子的独立是成长的必然，而不是对母爱的否定。

父亲协同母亲在该放手时放手，该支持时支持，能让孩子在探索世界时更有勇气和底气，同时也能更好地理解责任，明确自由的边界，为未来独立生活打下坚实基础。

父职觉醒之路

父亲可以通过陪伴和安慰，帮助母亲调整心态，接受孩子的变化，安全度过"断奶期"。那么具体来说，父亲们该怎么做呢？

1.多陪陪母亲

其实母亲们未必不懂得道理，她们只是在情感层面一时接受不了。我们常听母亲们这样感慨："他小时候啥话都和你讲，有时候真是烦得不行，恨不得他能快点长大了；可真长大了，你又会觉得他那么陌生，啥话都不想和你说了。"

当母亲因孩子的独立感到失落时，父亲需要给予更多的陪伴和情感支持。比如，可以安排一些夫妻独处的时间，一起散步、看电影或旅行，让母亲感受到家庭的温暖不仅来自孩子，也来自丈夫。父亲也可以用轻松的方式开导母亲："你看，孩子们现在能自己解决问题了，这不正是我们教育的成功吗？我们该为自己骄傲，而不是失落。"

2.帮母亲发展自己

父亲可以鼓励母亲将注意力从孩子身上转移到自己身上来，发展兴趣爱好。比如，建议母亲报名参加瑜伽课、绘画班，或者重拾年轻时的梦想。父亲可以主动承担一些家务，为母亲腾出时间。同时，父亲也可以与母亲一起尝试新事物，比如学习一门新技能或规划一次长途旅行，让母亲感受到生活的丰富性不仅限于孩子的成长。

所谓成长，肯定是一直变化且向前、向上的，是将父母陪伴的"现在进行时"转变为超越父母的"过去完成时"。因此，作为父母，在孩子需要陪伴时，我们不辜负他们的依赖；在孩子走向独立时，我们也不阻碍他们的离开。

当孩子成长为独立的个体时，父母必须学会割舍。我们可以夫妻携手，重回二人世界，用彼此的温暖填补与孩子分离后的空缺感，重新找到属于自己的生活重心。

第七章

双向成长：
父职觉醒的教育闭环

　　别把教育孩子当成是重担，其实那是我们的二次成长期。为了让孩子成长得更好、更快乐，我们不得不反思自己，调整自己，甚至重塑自己，争取成为更好的自己和更好的父亲。教育孩子的过程中，我们也能更好地察觉自己那些未曾注意的情绪和未曾面对的问题，或许还会在与孩子的互动中治愈这些情绪，解决这些问题。

童年疗愈：跨越时空的父职对话

我们经常听到这样一句话："有人用童年治愈一生，有人用一生治愈童年。"不是每个人都有幸福的童年，有些童年的阴影会像阴云一样笼罩一个人的一生。

不过，教育孩子为我们重新面对童年留下了契机。在陪孩子成长时，孩子能更好地连接起我们的成年和幼年。有时候，我们对孩子的温暖与支持，也能安抚和治愈童年那个曾经受伤的自己。

情景导入

科明性格孤僻，又因为工作原因，很少照顾孩子。直到有一次，妻子让科明带陶陶去公园玩。

陶陶活泼好动，一到公园就不断和人打招呼，孩子们热情回应，大人们还会朝科明点头致意。科明颇不适应，他想找个安静的地方，可陶陶已经钻进了人群，正和一群男孩比谁跑得快。他年纪小，落在了后面，被那群孩子嘲笑是"小萝卜头"。陶陶不服气，站到科明身边说："哼，这是我爸爸，高大不？帅气不？我很快就会变成这样！"孩子们忙向科明问好，科明只好挤出一丝笑容朝他们招招手。说完，陶陶就又和他们玩去了。

这时，某个孩子的奶奶走过来问科明："很少见你啊，陶陶爸爸。"科明说自己忙。奶奶说："忙也要多陪孩子，过了期，你想陪他都没得陪了。"这话触动了科明。他想起自己的童年也没有父亲的身影，他每次出去玩都会被孩子们嘲笑，母亲就把他拉回家。这让他变得冷漠，不愿与人沟通。科明看着远处开心玩耍的陶陶，心里暗想："我绝不让陶陶变成下一个自己。"

从那以后，科明经常陪陶陶出去玩。有一天，陶陶吃饭时对妈妈说："我觉得爸爸现在真好。"妈妈看看爸爸，问为什么。陶陶说："爸爸现在很爱笑，还常陪我玩。"妈妈也笑了，很满意地看着爸爸。

专家分析

为什么陪伴孩子能治愈童年阴影？

1.镜像神经元的作用

人类大脑中的镜像神经元让我们能够通过观察和模仿他人的行为，学习情感表达和社会互动。当父亲陪伴孩子时，孩子的天真、热情和无忧无虑会激活父亲的镜像神经元，让他重新体验童年的情感状态。这种体验可以帮助父亲修复童年时期的情感创伤。

2.情感再体验与重构

童年阴影往往源于未解决的情感创伤。通过陪伴孩子，父亲可以重新体验童年时期的场景，但这一次，他是以成年人的身份参与，能够以更成熟的方式处理这些情感。比如，科明在公园里看到陶陶被嘲笑时，他可以选择支持孩子，而不是像自己童年时那样被母亲拉回家。这种新的体验可以重构他的情感记忆，减轻过去的创伤。

3.社会支持与归属感

童年阴影常伴随着孤独感和被排斥感。当父亲陪伴孩子参与社交活动时，他会感受到来自其他家长和孩子的善意与接纳。这种社会支持可以增强他的归属感，帮助他缓解童年时期因孤立而产生的负面情绪。

父职觉醒之路

在陪伴孩子的过程中，父亲应该如何做才能面对自己的童年阴影呢？

1.看到阴影

许多父亲之所以无法摆脱童年阴影，是因为他们看不到这些阴影对自己当下行为的影响。陪伴孩子时，父亲可以放慢脚步，通过孩子的视角重新审视自己。孩子的单纯和直接能让问题更清晰地浮现出来。比如，当科明看到陶陶被嘲笑时，他意识到自己冷漠的性格源于童年的类似经历。这种觉察是治愈的第一步。

2.治愈自己

有些阴影不会通过一两次陪伴就完全治愈，但如果父亲能享受与孩子相处的慢时光，心灵就会得到暂时的慰藉。这种体验可以逐渐修复他的情感创伤。此外，父亲可以寻求专业心理咨询师的帮助，通过系统的治疗进一步治愈自己。

3.创造新的记忆

父亲可以通过与孩子一起创造新的、积极的记忆覆盖童年的负面记忆。比如，科明可以定期带陶陶去公园玩，参与陶陶的社交活动，甚至主动与其他家长交流。这些新的体验会逐渐取代他童年时期的孤独和被排斥感。

很多时候，我们的讨厌、厌烦源于一种心理缺失。陪伴孩子，成为孩子的守护者，我们将会重新找回内心的柔软与温暖，弥补那些未曾被治愈的遗憾。

初心觉醒：童真价值观的反哺之力

　　不管我们多么不情愿，一旦进入社会，我们必然会遇到，甚至学会算计、钩心斗角，仿佛生活里永远有阴谋阳谋。我们自己也会给自己制造一个又一个利益旋涡，沉浸其中难以自拔。

　　孩子是一张白纸，对世俗一无所知。我们专注陪伴他们时，会看到他们单纯的眼睛，听到他们纯净的话语。很多人会用"幼稚可笑"定义孩子，换个角度看，孩子那种简单纯粹的世界观对我们何尝不具震撼力呢？如果愿意，我们也许可以通过陪伴孩子在复杂的世界中找回成人的初心，重新发现简单的快乐与意义。

情景导入

　　昀雷开了一家连锁饭店，生意火爆。他从最初做生意开始，定期都会给庄上几户家里没人照顾的老人送米粮。做得久了，有些做慈善的会找上门来让他捐款。他很反感，把他们当成骗子拒之门外。

　　周末，昀雷带妻子和女儿菲菲去看电影。快到电影院时，菲菲看到一个满脸泪水的女孩抱着一只受伤的流浪猫，旁边放着一个纸盒，上面写着"为猫咪治病，爱心捐款"。菲菲求昀雷帮帮女孩，昀雷皱了皱眉，低声对菲菲说："这可能是骗子。"然后，他开始给菲菲普及防骗知识。菲菲点点头，似乎听懂了，但回头看到女孩焦急的神情，又忍不住说："爸爸，她也可能不是骗子呀？我觉得大姐姐不像坏人。"妻子也帮腔道："就算被骗，能骗几个钱？"昀雷无奈，只好掏出钱，让菲菲捐给女孩。菲菲高兴地跑过去，把钱放进纸盒。女孩感激不已，还留下了自己的身份证号和手机号。

　　几天后，昀雷在一家宠物医院偶然看到了那个女孩，她正在为流浪猫治疗。昀雷这才意识到，女孩真的不是骗子。回到家，他和妻子提起这件事，妻子笑着说："小孩子的心最纯净，眼睛最亮，所以最幸运。"这件事让昀雷深受触动。他想起自己当初之所以要给那些老人送米粮，是因为害怕在经商中变得贪心不足。他见过太多因贪心而遭祸的事，因此希望通过向外输出、为社会作贡献的方式平衡自己的内心。如今，他担心被慈善机构欺骗，或许正是因为已经起了贪心，他觉得自己需要做些事情找回初心。

专家分析

成人的世界不仅有规则，还有潜规则；不仅有套路，还有反套路。我们活得复杂，常常被名利欲望所困，为一些事情低头，被一些人打压，内心备受折磨。孩子的世界却极为简单，一颗糖果、一次游戏、一句赞美，就能让他们开怀大笑。他们用最纯粹的方式看待世界，用最直接的方式表达情感。

与孩子在一起，他们的天真与纯净能唤醒我们内心深处被遗忘的初心。如果我们愿意找回童真，愿意享受最简单的快乐，就能从复杂的成人世界中抽离出来，重新审视自己的生活。活得简单，或许无法满足我们对名利的渴望，但能让我们感受到自由与快乐。

父职觉醒之路

陪孩子的时候，父亲应该怎样做才能享受到童真带给自己的快乐呢？

1.放下一切，做回孩子

无论是生活的压力、过去的痛苦，还是当下的烦恼，在陪伴孩子时，请通通放下。父亲要专心陪孩子玩耍、聊天，进入他们的世界。在最单纯的时刻，父亲的烦恼会大大减少，内心也会变得更加轻松。

2.学习把复杂变简单

成人的生活中，有些事情无法避免复杂，但更多时候，父亲可以选择活得简单一点、纯粹一点。

孩子的童年不仅是他们人生的重要阶段，也是父母的一场修行。那些看似微不足道的小事，正是亲子关系中最重要的部分。孩子的天真与纯粹，往往能唤醒父亲内心深处被遗忘的童真与柔软。

那些看似"鸡毛蒜皮"的小玩闹，那些看似"幼稚无知"的小任性，正是孩子探索世界、表达情感的方式，也是他们与父亲建立情感纽带的重要途径，还能让父亲以全新的角度看世界。

若能以积极开放的心态陪伴孩子，不仅能帮助孩子健康成长，也能在这场相互之间的救赎中，找到属于自己的幸福与人生的意义。

弱点映照：父职镜像中的自我觉察

　　小孩子的学习是从模仿开始的。父亲的一言一行都会在孩子身上留下印记。如果父亲脾气暴躁，孩子可能也会变得易怒；如果父亲冷漠疏离，孩子可能也会缺乏安全感。孩子的缺点，很多时候正是父亲缺点的折射。

　　在陪孩子成长的过程中，父亲能更清晰地看到自己的问题，并与孩子一起改正缺点，在孩子完成成长的同时，实现自我完善。

情景导入

　　小翼的爸爸正在开会，因为项目进展不顺，他大发雷霆，痛骂组员。这时，他接到老师的电话，说小翼在学校经常给同学起外号、骂人，多次教育都不悔改，希望家长能协助纠正。小翼爸爸感到非常没面子。

　　晚上回家后，他一见到小翼就大骂一通，甚至举起手要打小翼。小翼吓得躲在沙发里一动不动，妈妈赶紧把小翼推进房间，转身对小翼爸爸说："别骂人了，你还嫌孩子没学会吗？"

小翼爸爸勃然大怒："你说什么？孩子骂人还是我的责任了？"

小翼虽然害怕，但还是挡在妈妈身前，说："对，我就是跟你学的！"这句话让小翼爸爸震惊不已。

此时，爸爸也已经意识到，之前他的脾气并不是这样，但自从去年抢着接了对手也在争的一个项目，却一直没有做出成果之后，他压力巨大，情绪失控，甚至在外面吃饭、开车时也会骂人。小翼正是在这一年学会了骂人和打架。

第二天，爸爸回到单位，果断放弃了那个项目。那之后，他准时下班，经常陪小翼。一年后，小翼改正了骂人的毛病，爸爸也意外地晋升了，因为他把新换的项目做得风生水起。

专家分析

孩子是一面镜子，能清晰地照出父亲的错误和弱点。因为孩子们是把父母作为模板来塑造自己的行为模式的。

一般来说，父亲以下的一些缺点会对孩子造成非常不好的影响。

1.爱承诺，却少兑现

父亲经常承诺却很少兑现会让孩子失去信任感，甚至学会敷衍和欺骗。孩子可能会认为承诺只是一种形式，不需要认真对待。长此以往，孩子也会养成不守信用的习惯。

2.脾气暴躁，一意孤行

父亲脾气暴躁、一意孤行会让孩子感到恐惧和压抑，甚至模仿这种情绪表达方式。孩子可能会变得易怒、缺乏耐心，或者在人际交往中表现出攻击性。

另外，如案例所示，父亲的情绪状态也会直接影响孩子。如果父亲长期处于压力大、情绪失控的状态，那么孩子也会感受到这种负面情绪，并可能通过不良行为表现出来。

3.沉迷手机

父亲沉迷于手机会让孩子感到被忽视，甚至模仿这种行为，沉迷于电子产品。孩子可能会因此减少与家人的互动，从而影响情感发展和社交能力。

4.爱吹牛

父亲爱吹牛会让孩子学会虚荣和夸大其词，甚至失去对真实的判断力。孩子可能会为了获得关注而编造故事，影响他们的诚信和人际关系。

5.懒惰、拖拉

父亲懒惰、拖拉会让孩子缺乏责任感和时间观念，甚至养成拖延的习惯。孩子可能会对学习和生活缺乏积极性，影响他们的成长和未来发展。

父职觉醒之路

　　陪孩子的过程，也是父亲发现自我的过程。为了避免自己的不良行为对孩子产生不良影响，父亲必须做到以下几点。

1.时刻规范自己

　　正孩子先正自己。父亲在生活中要注意自己的言行举止，为孩子树立良好的榜样。比如，如果希望孩子少玩手机、多看书，那么父亲应该放下手机，拿起书本。如果希望孩子多锻炼，少躺着玩，那么父亲也应该动起来。

2.看到孩子的缺点，先检视自己

　　当发现孩子的缺点时，父亲不应急于批评，而应先反思自己是否存在类似问题。比如，孩子缺乏耐心，是不是父亲在家庭中就经常表现出急躁情绪？如果是自己的问题，则应以身作则，先改正自己，再引导孩子改正。

3.学会情绪管理

　　父亲应学会管理自己的情绪，避免将工作中的压力带到家庭中。父亲可以通过运动、冥想等方式释放压力，保持平和的心态，为孩子创造温暖和谐的家庭环境。

4.与孩子共同成长

　　很多父亲喜欢做奴隶主，手里拿着鞭子，不断鞭策孩子成长。其实，父亲更应该反省自己，鞭策自己不断学习，坚持完善自我。

父亲是孩子成长的第一面镜子。我们要先做好父亲，再让孩子做好孩子；要"卷"自己，不"卷"孩子。与其执着于纠正孩子的缺点，不如先修正自己的不足。

内核修炼：包容带来的父职升华

如果父亲能包容、接纳孩子成长中的种种不完美，这份平和与从容不仅会滋养孩子，也会反哺父亲自身，让父亲修炼出波澜不惊的心境，为人做事会更加稳健且坚忍。

小孩子在探索世界时是急于向外输出的，比如他们刚可以跌跌撞撞地行走时最喜欢跑，他们刚开始说话又说不流利时最喜欢说。这时候，如果父亲能让自己的言行慢下来，不疾言厉色进行评定，没有不分青红皂白就去纠正，并能够接纳孩子的不完美，不对孩子提出能力之外的要求，这不仅是对孩子的包容与理解，也是对自己耐心的考验。在这个过程中，父亲将会完成对自己性格的修炼。

情景导入

阿松的妈妈说自从结婚后，阿松的急脾气彻底改了。但阿松的妻子说："哪是我改的，是小丫头贝贝给改的。"阿松心疼妻子，便经常帮忙带孩子。从襁褓中的翻身、学坐、站立、行走，到咿呀学语，他都全程经历。在他的意识里，小婴儿是脆弱的，为此，他做事时不得不放慢速度，小心翼翼地行动。比如，从外面回来，一定要温暖了身子，清洗了手，再去抱孩子；泡奶粉要严格按照比例；说话要轻声慢语……当然，阿松一开始做这些都是经过妻子的训练，他当然觉得烦琐，急躁极了，可他是女儿奴，急也不敢急。

阿松还记得自己第一次带着贝贝出去散步的情景。他走一步，要等贝贝好几分钟。一开始，他是真没有耐性，只好仰头看着天空，云彩已经飘过了好几波，孩子才跟上。贝贝又贪玩，走走停停，阿松不得不付出更多耐心。他舍不得对贝贝发火，索性坐下来静静地看着她，时间久了，他有耐心了。他甚至觉得，这种慢悠悠的生活方式太自在了。身后又没人追赶，急什么呢？

贝贝刚会说话时，急着表达却表达不清，总是着急地吼。阿松担心女儿也染上他的急脾气，便蹲下来，认真看着女儿，轻声说："慢慢说。"然后，他一个词一个词地和女儿对话。那时候，妻子听不清贝贝的话，但阿松在很远的地方都能听懂，知道贝贝想要什么。贝贝特别喜欢爸爸。

专家分析

成年人要增强内核稳定，必须时刻调整自己的认知和心态，允许一切发生，不断提高应对不确定性的能力，降低对结果的过高期待，能够静待花开。带孩子，恰好能实现这一点。

因为孩子的成长是一个缓慢的过程，每个孩子都有自己的成长特色和成长节奏，而且充满了各种不确定性。在陪伴孩子的过程中，父亲不得不放慢脚步，允许孩子试错，包容发生的一切，等待孩子在自己的轨道上自在前行。

这种包容与忍耐，以及慢下来的生活节奏，能帮助父亲更好地管理情绪。即使是急性子的父亲，也能磨出耐性和韧性，磨出平和从容。

父职觉醒之路

那么作为父亲，我们应该如何在陪伴、养育孩子成长的同时，实现自我成长呢？

1.心理建设方面

父亲要从内心深处认识到自己在孩子成长中的重要性，不仅仅是物质的提供者，更是孩子精神的引领者和成长的陪伴者。父亲还要明白孩子不可能总是表现得很完美，会有犯错、调皮的时候。

此外，父亲要接受陪伴过程中可能会出现的各种状况，比如孩子突然闹情绪、计划好的活动无法顺利进行等。

2.自我管理方面

在陪孩子时，父亲要时刻留意自己的情绪变化，当感到情绪即将失控时，可通过暂时离开现场、深呼吸等方式让自己平静下来。比如，孩子在商场里哭闹着要买玩具，爸爸可以先带孩子到一个相对安静的角落，深呼吸几次，恢复冷静后再和孩子沟通。

在成长过程中，孩子会有各种各样的问题和需求，父亲可以通过阅读育儿书籍、参加家长培训等方式，持续学习新的育儿知识和理念，提升育儿能力。这不仅能让父亲更好地应对孩子成长中的问题，也能让父亲在陪伴中更有自信和底气。

3.亲子互动方面

父亲可以和孩子一起制定明确、合理的规则，比如每天看电视的时间、完成作业后才能玩游戏等。规则一旦制定，就要坚持执行，让孩子明白什么是可以做的、什么是不可以做的。这既能帮助孩子养成良好的行为习惯，也能让父亲在陪伴中有章可循，不会因孩子的无理要求而陷入混乱、焦虑或者暴躁的情绪中。

孩子真是一种很奇妙的存在，他们如此脆弱，又如此懵懂无知，需要我们用心去呵护，需要我们倾注全部的心血去照顾。当我们静下心来，感受那个小小生命散发出的灵动气息时，我们不但会发现孩子的美好，而且能找到自己内心的那份稳定与安宁。

生命治愈：父职能量的流动与再生

我们走进社会后，无论是多么自在的人，都不得不为适应人群而改变自己，尊重规则，压抑个性。特别是在那些没有话语权的空间里，生活常会变得更加不自在，压抑感也随之而来。人到中年，哪怕是活得得意的人，也难免会感受到生活的无奈和压抑感。

新生命意味着新的生机、新的希望。如果一个充满压抑感的父亲能认真欣赏新生命，感受蓬勃的生气、纯净的动力、无忧的童真，那么也许能破除那份压抑感，找到解锁困境的新方式。

情景导入

年轻导演沐阳因一部作品在大学生中广受追捧而声名鹊起，吸引了众多投资人的投资。他很高兴终于不用为资金发愁了，然而事情没那么简单。新电影开始，投资者纷纷要求在电影中夹带"私货"，导致剧本不得不频繁修改，尽管他竭尽全力，仍无法让所有部分都完美无缺。最关键的是，投资人推荐的主演虽名气大但演技欠佳，且经常迟到早退，严重影响了拍摄进度。沐阳多次沟通无果，倍感愤怒，想撤换主演又担心失去投资，左右为难。

这时，妻子带着小女儿小团子来探班。偏偏主演又闹事停工，沐阳索性给所有人放假，自己也专心陪小团子。沐阳教小团子叫爸爸，小团子居然乖乖地喊了一声"爸爸"。这是她第一次叫爸爸，他激动地抱起女儿亲了又亲，听着女儿咯咯的笑声，他身心舒爽。他抱着女儿逛街，抬手指向街边的某个建筑，不由自主地讲解起电影镜头的美感。他说得忘乎所以，一低头，只见小家伙眼睛睁得溜圆，听得津津有味，不过嘴角却挂着口水。他不禁笑了。

在这段放松的时光里，沐阳逐渐找回了清醒的头脑。小团子离开后，沐阳重新投入工作，毅然辞退了主演，尽管资金不足导致拍摄时间延长，但整个工作顺畅许多。最终，电影上映后大获好评。

专家分析

新生命意味着新血液、新思路和新动力。

对成人来说，进入社会后，我们必然会告别纯朴，并逐渐被磨平棱角。比如，日复一日的重复性工作会让我们失去冲劲，为了工资我们不得不妥协，想在竞争中胜出又不得不博弈、计算。

对于被生活磨平棱角的成年人来说，新生命的存在既是一种冲击，也是一种再生的力量。

当新生命以他们纯粹、直接的方式闯入成年人的世界时，那种未经雕琢的真诚和无所畏惧的冲劲，往往让人感到震撼。他们不会因为害怕失败而止步，也不会因为利益权衡而犹豫。他们的行动源于最原始的好奇心和探索欲。

新生命照出了成年人内心的疲惫和麻木，同时也唤醒了那些被遗忘的梦想和渴望。在与新生命的互动中，成年人可以重新感受到那种简单而直接的快乐，重新找回对生活的热爱和对未来的期待，还可以从新生命身上学会如何在复杂的世界中保持纯粹，如何在压力之下依然保持冲劲。

父职觉醒之路

作为父亲，我们可以从新生命中寻找新的动力。以下几点可以更好地帮助我们做到这一点。

1.明确奋斗目标

新生命的到来让父亲有了更明确的奋斗目标和动力，不再仅仅为了自己而努力，更是为了给孩子创造良好的成长环境。这种目标感会让父亲觉得自己的努力更有意义，在面对工作和生活中的压力时，更有勇气和毅力克服困难，因为他知道自己是在为孩子的未来打拼。

当然，这并不意味着要放弃自己。孩子是父亲的分身，父亲需要通过合理规划和时间管理，在工作和家庭之间找到平衡，享受与孩子共同成长的乐趣。

2.期待未来

孩子代表着未来和希望，看着孩子一天天成长，父亲会对未来充满期待，这种对未来的美好憧憬能让他忘却当下的压力，以更积极乐观的心态面对生活。

另外，如今孩子有了全新的成长环境，比如AI陪伴式成长，父亲的压力或许会越来越小，也有更多的机会利用便利条件，重新焕发生机，实现自我成长。

3.加入新的社交圈

父亲要多参与一些与孩子成长有关的社交圈。在这个社交圈中，抛开名利欲望，只关注教育及生命成长的问题。这种新的社交圈也许会帮助父亲开阔视野，找到生命的多维意义。

新生命的到来，为成年人被规则束缚的世界注入了鲜活的生命力。在陪伴新生命成长的过程中，父亲得以重新审视生活，治愈被世俗磨损的心灵，最终实现两代人的共同成长。

成为榜样：父职觉醒终极身教

对某些父亲来说，教育孩子不只是让孩子能够适应未来的社会，更是一种光耀门楣的独特方式。因此，他们会为孩子倾尽全力。

表面上看，他们是负责任的父亲，可实际上，这些父亲往往会给孩子带来极大的压力。他们对孩子期望越大，就越不允许孩子出现错误，孩子只能永远在超越、永远在发光。如果孩子的内心不够圆满，内驱力不足，父辈的期盼和督促反而会压垮他们。

相反，那些更愿意通过让自己发光来带动孩子闪耀的父亲，则会给孩子更充足的奋斗动力。

情景导入

大学毕业后，伯杰自主创办了一家小公司。随着接触的业务越来越多，他看到了新时代的趋势，便决定让儿子亮亮学习编程。他买了品牌电脑，报了口碑较好的网络学习班，但因为自己不懂编程，也懒得学习，便让亮亮自己上课。

某天，伯杰回家取东西，正赶上亮亮在上网课。他发现亮亮根本没有听课，而是在玩游戏，老师讲课的声音被游戏的音效淹没。伯杰怒不可遏，狠狠批评了亮亮，亮亮吓哭了，一再保证会好好学习。可他自制力太差，伯杰好几次抓到他在玩游戏。伯杰意识到，光靠责备是不够的，他必须以身作则。

伯杰想了好久，决定自己陪亮亮学习编程。他不仅跟着孩子学，还主动拓展更高阶的内容。老师讲课的方式很活泼，伯杰学得很舒服，只是年纪大了容易忘，他便勤加练习，并逐渐找到了窍门。为了拓展业务，伯杰引入了AI产品，优化了产品线流程，并请了专家团队来开发服务系统。为了不断升级这套系统，他和亮亮一起跟着专家学习。亮亮惊叹于父亲的睿智和学习能力，这激发了他的斗志，他不相信自己记忆力还不如父亲。父子俩就像比赛一样学习新技术。亮亮进步飞快，不久就能独立开发简单的服务项目了。伯杰非常高兴。

专家分析

在许多家庭中，父亲往往扮演着监督者和培养者的角色，他们希望孩子越来越优秀，甚至超越自己，成为佼佼者。然而，这种期望背后常常隐藏着一个矛盾：父亲站在暗处，默默地为孩子铺路，却忽略了自己作为榜样的重要性。事实上，父亲不仅仅是孩子的引路人，更是他们成长过程中最重要的榜样。

从心理学的角度来看，孩子的行为模式和价值观很大程度上是通过观察和模仿父母形成的。父亲作为家庭中的重要角色，其言行举止、处事态度和生活方式都会潜移默化地影响孩子。如果父亲希望孩子勇敢，自己却畏缩不前；希望孩子勤奋，自己却懒散度日；希望孩子正直，自己却圆滑世故，那么这种言行不一的状态会让孩子感到困惑，甚至产生价值观的冲突。孩子会不自觉地模仿父亲的行为，而不是听从他的教导。因此，父亲若希望孩子追光而上，首先自己需要成为那束光。

从社会学的角度来看，父亲的角色不仅仅是家庭的经济支柱，更是孩子社会化过程中的重要引导者。在成长过程中，孩子会通过观察父亲如何应对挑战、处理人际关系、承担责任，学习如何成为一个社会人。如果父亲能够在生活中展现出积极向上的态度、坚忍不拔的精神和对社会的责任感，孩子自然会以父亲为榜样，形成健康的人格和价值观。反之，如果父亲只是站在暗处，用言语督促孩子，自己却未能以身作则，孩子可能会感到迷茫，甚至对父亲的教导产生怀疑。

从教育学的角度来看，榜样的力量远胜于说教。孩子的学习不仅仅依赖于书本和课堂，更依赖于生活中的实践和体验。父亲的行为模式会直接影响孩子对世界的认知和对自我的定位。如果父亲能够展现出对知识的渴望、对生活的热爱和对目标的执着，孩子自然会受到感染，主动追求卓越。如果父亲只是空洞地要求孩子"做到最好"，自己却未能做出相应的努力，孩子可能会感到压力重重，甚至失去动力。

父职觉醒之路

作为父亲，我们当然要给孩子提供良好的条件，让他成长为优秀的自己，但我们没有必要只从孩子身上等结果，自己也可以通过持续学习、进步，成为孩子成长路上的那束光。那么，父亲该如何做呢？

1.分享自己的奋斗方式

父亲可以跟孩子分享自己的奋斗行动，比如分享每个阶段设定的奋斗目标、时间管理方法及学习计划，或者与孩子分享自己遇到的工作挑战，以及如何面对困境、如何提升自我的解决方法。

这种透明化的奋斗过程，不仅能让孩子感受到父亲的努力，也能让孩子明白成功并非偶然，而是通过持续努力实现的；还能让他们触摸到智慧，培养他们解决问题的技能和方法。

2.陪孩子一起学习

这里主要指孩子遇到的难题，无论是学校的课业，还是面对某一具体问题，父亲都可以和孩子一起解决。比如，如果孩子数学成绩不理想，父亲可以和孩子一起研究思维导图，或者通过视频学习。

这种共同学习的方式不仅能帮助孩子拓展思路，提升解决问题的能力，还能拉近亲子关系，让孩子感受到父亲的支持与陪伴。

　　作为父亲，活成孩子心里的光，未必要取得让人艳羡的成就，未必要有无人能及的能力，但一定要有不设限的心态、执着向上的信念、持续奋斗的动力，并且有能力与方法和孩子一起学习、奋斗，让学业日日精进，让生活有序稳定。